二つの桶狭間の合戦

武田信虎と織田信長

武田健作

有松の古戦場…織田信長と今川義元、この両雄の銅像は「桶狭間の合戦」450年を記念して建てられた。このように、今では「今川義元は名将であった」というのは認知されてきており、今川義元の復権がうかがわれる。

まえがき

今、日本が直面している問題点は多く、少子化・高齢化・労働人口の減少・デフレ・過大な借金を始めとして、身動きできない閉塞感が日本を覆っている。

平成二二年の政府が抱える債務残高のGDP比の国際比較をみると、日本は二・一倍で、二位のギリシャ一・五倍を引き離して、ワーストワンである。

今から二十年前は、世界が うらやむ急成長を遂げ、競争力世界一だった日本が、どうしてこんなみじめな状況になってしまったのだろう。

戦後五十年成功した政治・経済・社会などのシステムが、現状に合わなくなり、各システムの変更をしなければならないのだが、諸々の事情によりできないのである。

別の言い方をすると、今改革をしなければならないのだが、できないのである。

しかし歴史をひもとくと、日本は過去何度も閉塞感あふれる危機の時代を迎えたが、幸せなことにその都度、そうした国難を乗り越えてきた。

日本の幕末、世界史的には帝国主義時代であったが、欧米列強の植民地になりかねなかった時も、明治維新の風を起こし、国難を乗り切った。

今、平成維新の西風は吹くのであろうか。

日本の歴史を振り返ってみると、長く続いた戦乱の世を終わらせ、中世から近世の扉を開けた人物がいた。

織田信長である。

彼はどうして時代の変革者たりえたのか。

千年に一人の天才であったことに異論はないであろうが、ただそれだけでなく、他人にはうかがいしれない血のにじむような苦労と努力の結晶でもあった。

信長は日本における最も有名な英雄であるだけでなく、天正六年（一五七八年）に、世界初の鉄甲船を造ったともいわれ、また地球儀を見て、地球は丸いことを理解した。

信長はイエズス会の宣教師オルガンティーノに、地球儀について多くの質問をした後、それに対する答に満足し、ヨーロッパから日本に来るのに、どのような旅をしたかを地球儀によって説明を受けて、手をたたいて感心した。

信長は世界史的にも、その名を残すに値する革命児であった。

そしてその出発点となったのが、「桶狭間《おけはざま》の合戦」である。

この「桶狭間の合戦」は、日本人なら誰でも知っている有名な合戦だが、実は従来の通説が大きく誤っていたことが、近年明らかになった。

今川義元は実戦経験が豊富で、部下の人心掌握力に優れ、かつ富国強兵に成功し、今川家の全盛時代を築いた武将で、名実ともに当時戦国最強の名将であった。

その名将は駿遠参二万五千の大軍を率いて尾張に攻め込み、桶狭間の窪地《くぼち》ではなく、見晴らしの良い桶狭間山に陣取った。

一方、織田信長は善照寺砦から迂回路《うかいろ》を取って、敵に気取《けど》られることなく大将ヶ根までたどり着き、そこから攻め下って今川義元の首を取ったというのは誤りで、信長は善照寺砦の下方一〇分ほどの地（中嶋砦）に移動し、二千の兵を率いて、そこから**真っすぐ桶狭間山を攻め上《のぼ》って**義元の首を取ったのである。

事実関係として、今ではこのことについて、歴史の専門家で否定する人はほとんどなく、ほぼ定説となっている。

しかしそのことによって、謎は更に深まり、桶狭間山とはどこの山か。

桶狭間古戦場跡は二つあるが、どちらが本物か。

信長はただ単に中嶋砦から桶狭間山に攻め上っただけで、信長には戦略はなかったのか。

大軍を率いて見晴らしの良い桶狭間山に陣取る名将今川義元に対して、二千足らずの兵で桶狭間山を攻め上った信長が勝つということが、現実にありうるのか

など多くの謎が深まってしまった。

本書はそうした謎に挑戦し、なぜ織田信長が今川義元に勝つことができたのかを**論理的に解明したのである。**

◆目次

一、今川義元は桶狭間山に陣を敷いていた

平成二二年は、「桶狭間の合戦」から四五〇年の節目の年に当たり、地元では古戦場祭が盛大に催された。

名古屋市緑区有松の古戦場では、織田信長と今川義元両雄の銅像除幕式がとり行なわれた。そして長福寺の下では、鳴子踊りに一般客も参加してイベントを盛り上げた。

更に日が暮れると、古戦場近くの大池の上空に舟のように浮かんだ三日月が、観客を不思議な世界に招き寄せ、大池の端では二つの篝火《かがりび》が燃え盛り、そのそばでは桶狭間太鼓が鳴り響いた。

そして万灯会《まんどうえ》が開催されたが、「桶狭間の合戦」の戦死者の霊を弔うために、小学生たちが絵や短歌を描いた三千五百のペットボトルで作った灯籠を大池の周りに並べ、ロウソクを灯すと、池面に灯が反射してゆらゆらと揺れ、篝火と相まって、辺りは幻想的な雰囲気をかもし出した。

一方豊明市の古戦場では、「桶狭間の合戦」縁《ゆかり》の曹源寺で盛大な慰霊祭が営まれ、講演会が開催され、また「桶狭間の合戦」再現劇などが実演された。

「桶狭間の合戦」…この言葉の響きに格別な感情を持つ日本人は、多いのではなかろうか。

しかし日本の歴史に重大な影響を与えたこの「桶狭間の合戦」は、謎の多い合戦でもある。

約三十年前の昭和五七年に、国学院大学講師の藤本正行氏（異説・桶狭間合戦において次のように記述している）は、

「今川義元は桶狭間の谷底に布陣していたのではなく、桶狭間山に布陣していた。そのことは『信《しん》長公記《ちょうこうき》』に、はっきりと記載されている」

と自説を発表し、一大センセーションをまき起こした。今では専門家の間でこの説に異論を唱える者は無く、ほぼ定説となっている。

しかし桶狭間山とはどの山なのかを始め、新たな謎が生み出される出発点ともなった。

日本の近世の扉を開けるきっかけとなった「桶狭間の合戦」を、私なりに分析してみたい。

今川義元が桶狭間の窪地に陣を敷いたというのは、私たちの若い頃には常識であった。

これには、明治の大日本帝国陸軍参謀本部が深くかかわっている。

参謀本部は日本の過去の合戦をつぶさに分析し、どのような状況でどのような戦い方をして、どのような結果になったかを「日本戦史」としてまとめあげた。

しかし「桶狭間の合戦」について、数多くの資料をもとに調査検討したが、どうしてあのような状況下で双方が戦って、あのような結末を迎えたのか、頭の良い参謀本部の人たちには理解できなかったのであろう。

しかし「日本戦史」から、「桶狭間の合戦」を省略するわけにはいかない。

太田牛一の「信長公記」も熟読吟味したであろうが、「信長公記」にも間違いがあると判断し、「暗

愚な武将今川義元は桶狭間の窪地に布陣し、付近の神社や寺の神官・僧侶たちが進上した酒肴で酒盛りをしている時、今川軍に気取られず迂回路を通って、大将ヶ根までたどり着いた信長軍に、攻め下られて首を討たれた」

と推理した。

それしかない。

それ以外、あのような結果になるはずがない、と分析したものと思われる。

そして大日本帝国陸軍の教材となり、その解釈が世間に伝えられ、小中学校で教えられて定説となった。

「信長公記」は、織田信長の弓衆として近侍していた太田牛一によって書かれている。

「桶狭間の合戦」に、牛一は参戦していたであろうが、もし参戦していなかったとしても、参戦していた多くの人々から当時の状況を聞き得る立場にあった。

そして太田牛一は、日記をつけており、更に多くのメモを取っていて、いろんな人から聞いた話などを丹念に確認して、推敲《すいこう》を重ね、「信長公記」に反映したので、その記述は正確で、多くの歴史の専門家が「信長公記」の正確性、客観性を検証し、今では超一級の文献としてその評価が定まっている。

「桶狭間の合戦」は、「信長公記」を中心にその真実を探らねばならない。

二、今川義元は上洛を目指したか

「桶狭間の合戦」を調べる上で、どういう性格の戦いであったのかというのは、非常に重要である。なぜ「桶狭間の合戦」が起こったのかということについて、駒澤大学の久保田昌希教授（戦国大名今川氏と領国支配において記述）は、

文献として信頼性の高い「信長公記」及び大久保彦左衛門の著した「三河物語」に上洛説は記載されていない。

また義元の時代の天文一八年以降、今川氏の三河における発給文書が増加していくが、東三河に比べると西三河は圧倒的に少ない。

更に義元が三河守に任ぜられたのが、「桶狭間の合戦」の十一日前の永禄三年五月八日であり、このことが「桶狭間の合戦」につながっている。

すなわち義元の目指したものは上洛ではなく、むしろ三河、尾張国境付近における大規模な軍事示威的行動であったのではないか、と主張する。

三河は長年織田、今川の領国争いの戦場となっており、今川義元は織田信長に大打撃を与えて、三河特に西三河領有を磐石なものにしようとしたのが、「桶狭間の合戦」における今川義元の目的であ

ったという趣旨である。

この三河領有説は現在少数派であるが、上洛説検討に大きな一石を投じた。

一方藤本正行氏（信長の戦国軍事学）は、今川方の鳴海城の奪取のため信長が付城《つけじろ》を作り、こんどは今川義元が鳴海城救援に出動するという手順を踏んで「桶狭間の合戦」は起きた。

信長と義元が、領国拡張競争で境目の城の取り合いをしたあげく、衝突したのが「桶狭間の合戦」であると主張する。

静岡大学小和田哲男教授は、義元自ら出陣しているのだから、三河領有が目的にしては大げさすぎる。しかし上洛途上の美濃、近江の戦国大名及び京の天皇、公家などに対する上洛準備工作がみられないので、尾張領有が目的ではなかったかと分析している。

ユニークな説を展開している歴史作家橋場日月《あきら》氏（再考桶狭間合戦）のように、伊勢湾制圧を目指していたのではないかという説まであるが、現在尾張領有説が有力で、上洛説は影が薄くなっている。

しかし上洛工作をしていないから上洛戦ではない、といえるであろうか。

織田信長が取るに足らない敵であるなら、信長と戦うことより、上洛準備を優先するかもしれない。義元自身小豆坂の戦、安祥城の戦など織田氏と何度も戦っており、信長に代替わりしてからも村木砦、蟹江城、品野城の付城などを巡り戦っている。

信長の戦い方はどうであったか。

信長は天文二三年に、信長親派《しんぱ》の水野信元を助けるため大風の中、船を出して村木砦を攻略している。信長は実にすばしこい動きをしており、決して軽視できる敵ではない。

名将今川義元は織田信長をなめてはいなかった。

信長と戦う前から上洛工作をするというのは、勝つことが前提の動き方である。戦いをする前に、勝った後のことを優先した行動を取るのは、戦の神様を馬鹿にしたやり方で、義元は武将たるもの油断してはいけないと思っていたのではないか。

信長を滅ぼしてから尾張を平定する。表面的に治めるだけでも、最低二〜三ヶ月は掛かると予測していたはずである。

その間に朝廷、幕府及び京への道筋の戦国大名たちに対する上洛工作をすればよい、と考えていたのではあるまいか。

まず信長との戦に勝つ。これが最優先課題だったのである。

そしてその実績をもって上洛工作を行う。

尾張を平定することに勝る上洛工作は無い。

次に「信長公記」及び「三河物語」に、上洛のことが載っていない、という指摘があるが、「信長公記」は信長の近習の太田牛一が書いたものだから、織田軍のこと、信長の考えていたことはかなり分かるとしても、今川軍のことがどの程度分かるであろうか。

ましてや義元が上洛を目指していたかどうか、義元の心の中まで分かるはずがないと思う。

今川義元は巻末の「首巻比較表」二八番に記載しているように、「信長公記」には四万五千の軍勢を率いていたとあるが、実際は二万五千であろうといわれているように、今川軍に対する情報は十分正確であるとはいえない。

もし義元が上洛を目指していたとしたら、その目的は何だったのだろうか。多くの兵を引き連れ、多大な出費をして上洛するには、その目的がなければならない。

信長は足利義昭を奉じて上洛し足利幕府を復興させ、足利幕府の名を利用して天下布武を進めた。

武田信玄は信長を討ち、足利幕府を復興させる。

その後は今となってはよく分からないが、上洛するための事前工作は十二分に行っていた。

しかし信玄の場合、上洛工作というより、それは信長打倒の作戦そのもので、足利義昭・石山本願寺・朝倉義景・浅井長政などと連携して、信長包囲網を築いていった。

上杉謙信はどうか。

天文二二年の一回目の上洛の目的は、北条氏康及び武田信玄と戦っていた謙信にとって、戦いの名分を得るためだった。

謙信は、後奈良天皇に謁見し、

「任国並びに隣国の敵心《てきしん》をさしはさむ輩を治罰せらる也　威名を子孫に伝え、勇徳を万代に施し、いよいよ勝ちを千里に決し、よろしく忠を一朝に尽すの由　景虎に下知せしむべし」

という勅命を被り、上杉謙信は官軍となり、北条氏康と武田信玄は賊軍になった。

「桶狭間の合戦」前年の永禄二年四月の二回目の上洛は、五千余人を引き連れて行われた。

関東管領山内上杉憲政の養子に決定していたが、関東管領は公職なので、上杉謙信は将軍家の内諾を得る必要があった。

半年間京に滞在し、将軍、公家とも親交を深めたが、歴史学者の井上鋭夫《としお》氏（上杉謙信）によると、謙信留守の越後に武田信玄が乱入してきたため、慌てて越後に戻っている。

またこの永禄二年には将軍足利義輝の要請を受けて、織田信長、斎藤義龍も上洛している。

今川義元の上洛の目的は何か。

このことを解明する鍵は、今川家の歴史にある。

今川家は足利家から分かれた分家であるばかりでなく、足利将軍家から多大の恩を被っていた。

そして今川義元自身も、将軍義輝の父足利義晴に借りがあった。

現在少数派となった上洛説だが、義元本人が自ら参戦した戦であったこと、息子氏真に家督を譲った後行われた西征であったことからも、並々ならぬ決意の下で行われた行動であったと認識すべきではないか。

たまたま両軍が戦うにいたった遭遇戦であった、とは考えにくい。

今川家第四代当主今川範政は、扇谷上杉氏定の女の産んだ末子千代秋丸に家督相続させたいと思い、将軍足利義教に願い出たが、義教は嫡男彦五郎に相続させよと命令し、彦五郎が今川範忠として家督を継いだ。

範忠は足利将軍義教のおかげで今川家の家督相続ができたと考え、義教に忠義を尽くした。鎌倉公方足利持氏と関東管領上杉憲実が対立した「永享の乱」の時、範忠は将軍義教の命令を受けて上杉憲実を支援し、足利持氏を滅ぼした。

この戦功により範忠は将軍義教から
「今川家総領しか今川を名乗ってはいけない」

という「天下一苗字《いちみょうじ》の恩賞」を賜わった。そのためもあり、著名な苗字のわりに現在今川を名乗る人は少ない。

その後足利持氏の遺児を頂いて結城氏が兵を挙げた「結城合戦」でも、今川範忠は手柄をたて「副将軍」の名誉を賜わった。

足利将軍家に対する忠義は、嫡男の義忠にも引き継がれた。

義忠は「応仁の乱」において、東軍の細川勝元に従い四千騎を従えて上洛した。

その時西軍山名宗全からも誘いがあったのだが、「今川記」によれば、

「義忠は公方の警護のために上洛したので、いずれの方というより義政公の方に味方する」

と答えている。

この今川義元の祖父義忠が「塩買坂《しょうかいざか》の戦」で戦死した後、今川の家督が一族の「小鹿《おしか》氏」に移りそうになる危機があった。

その時「義忠の幼い嫡男龍王丸《たつおうまる》（氏親《うじちか》）が家督継承者である」として認めたのが、将軍足利義政の「御判御教書」である。

この時、龍王丸の母北川殿の兄（または弟）の北条早雲が活躍し、家督を継承したのが今川氏親である。

そして氏親の嫡男氏輝の突然の死後、今川義元は「花蔵の乱」を制して今川家の家督を相続したのだが、この時駿府館まで攻め寄せられる内乱に近い状況であったが、義元は将軍足利義晴から家督継承を認められていたことも勝利の一因となっており、義晴の一字を賜わり、今川義元を名乗ったので

ある。

今川義元は織田信長を討った後上洛し、義晴の子義輝に対して、今川家が足利将軍家から被った御恩に謝意を述べ、足利幕府へのてこ入れをしようとしたのではないだろうか。

「豊明市史」には、義元は幕府再興の思いがあった、と記されている。

更に今川義元が上洛を意図していたというのは、諸書に次のように書かれている。

松平記　　　　……急ぎ尾州へ馬を出し、織田信長を誅伐し、都へ切て上らんとて永禄三年五月愛智郡へ発向す
上杉家御年譜　……急ぎ兵を催し信長を討亡し其より京都に旗を立て、天下を掌に握んと思い
三河後風土記　……義元は尾州の織田家を亡ぼし京都に旗を立んとて内々軍兵を催されける
改正三河後風土記……信長を討亡し京都に旗押立、天下を一統せんと思立
當代記　　　　……この義元駿遠三之三国の人数をもって　尾州へ打越、後は天下を取るべしとの企み有るによりて

「松平記」は、寛永一四年頃阿部定次が著した。

「上杉家御年譜」は、上杉謙信以降の上杉家の歴史を記す。

「三河後風土記」は、徳川家康の股肱の臣の平岩主計頭親吉が著した。

「改正三河後風土記」は、「三河後風土記」を基に成島司直が改撰した。

「當代記」は、政治・社会の状況を編年的に記録したもので、姫路城主松平忠明が著したといわれる。

名古屋市教育委員会は、「桶狭間の合戦」につき、従来の定説の再検討をするため、名古屋市立短期大学名誉教授の小島広次氏を始めとする九人の委員で構成される「桶狭間古戦場調査委員会」を組織し、多くの記録を読み解き分析を重ね、昭和四一年三月に「桶狭間古戦場調査報告書……以下『調査報告書』という」を発表した。

「調査報告書」の序において、

「今川義元は上洛を決意、駿、遠、参の兵を動員し、大軍を尾張の地にすゝめたが、織田信長の奇襲の前に愛知郡豊明町・名古屋市緑区有松町一帯の丘陵地の戦闘で、あえなくその夢をくじかれた。世にいう桶狭間合戦と呼ばれるものである。

この天下分け目の戦にもかかわらず、古くから義元戦死の地、あるいはその主戦場について諸説があり、昭和十二年、文部省も愛知県豊明町大字栄字南館の地を伝説史跡として指定したが、これも伝説の字句をつけざるを得なかった。

名古屋市としても、その事実の正確を期するため、従来の定説の検討をはじめとし……」

と記されている。

そしてその「調査報告書」は、次のように記述している。

もっとも信頼できるものは「信長公記」であり、更に義元は桶狭間山に人馬を休息させたと「信長公記」に明記してある。

私は、今川義元は信長を討った後、一部の兵は尾張平定に残し一部は帰国させ、数千の兵を率いて上洛しようと考えていたのではないか、と考えている。

いずれにせよ今川義元自らの出陣は、織田信長討伐のために万全を期したと思われるが、圧倒的に有利な状況とはいえ、何か油断していたというか、名将らしからぬ間の抜けた感じを拭《ぬぐ》いきれない。

それは織田氏討伐の後に、もう一つ大仕事が待っていたからではあるまいか。

上洛という大仕事が!

三、「桶狭間の合戦」直前の状況

織田、今川両家は、三河を巡ってたびたび争ってきたが、小和田氏（今川義元）は、今川義元の弟氏豊の仇討ちという面もあったように思われる、と述べている。

今川那古野氏に跡取りがいなくなった時、養子として入った今川氏豊は、織田信秀に那古野城をだまし取られたので、その恨みを晴らすという因縁もあったのではないか、という説です。

そしてこの那古野城を得たことが、織田弾正忠家発展の大きな一因ともなっている。

更に「桶狭間の合戦」にさかのぼること十年強以前の信秀の晩年に、鳴海城の山口左馬助教継は、小豆坂の戦、安祥城の戦で織田信秀が今川義元に敗れた後、今川方に寝返っているという。

「信長公記」に、

「熱田大明神より一里東　鳴海の城御味方として　山口左馬助入置かれ候。是は武篇者才覚の仁なり。既に逆心を企て、駿河衆を引入れ、並びに大高の城・沓懸の城両城も左馬助調略を以て乗取り」

と記されているとおり、愛知郡の鳴海城、沓懸城のみならず、智多郡の大高城も今川方の勢力下に入った。

更に弘治元年（一五五五）には蟹江城の戦があり、信長は海西《かいさい》郡の蟹江城も失った。永禄元年の三月には、今川方の尾張春日井郡の品野城に対抗するために、信長は付城をこしらえたが、今川勢の夜討ちによりつぶされた。

信長は同族を討ち滅ぼし、弟勘十郎信勝を成敗し、守護代岩倉織田氏も滅ぼして、尾張統一を成し遂げたが、尾張八郡の内、智多郡、愛知郡、海西郡、春日井郡の四郡には今川の勢力が及んでいた。

更に上四郡を支配していた岩倉織田氏を滅ぼして尾張統一をしたのが、「桶狭間の合戦」の一年前であったため、上四郡（丹羽、羽栗、中島、春日井）は十分に信長の勢力下にあったとはいえない。

織田信長と今川義元の軍勢はどれほどだったのだろうか。「信長公記」には、四万五千を引率する義元に、信長は二千で立ち向かったと記してある。

信長と義元の動きを見誤った帝国陸軍参謀本部ではあるが、双方の軍勢については次のように、さすがと思わせる分析を行なっている。

おおよその兵力を知るには、その経済力即ち石高から判断できるとした。

今川軍は、駿・遠・参の三州これに尾張の一部を加えて百万石は下るまい。

一方織田軍は、尾張の半ばにも達しまい。およそ一六〜一七万石であろう。

（当時の石高を駿河一七万石、遠州二七万石、参州三四万石、尾張四三万石と推定した）

更に一万石で兵二五〇人を動員できる、と分析した。

義元は今川家の全軍を挙げて上洛戦を行なったのだから、今川軍の兵力は約二万五千なりとした。

多くの歴史の専門家が今川軍の兵力を検証して試算したが、現在参謀本部の二万五千が最有力説となっている。

一方織田軍の兵力を参謀本部は石高から試算し、四千内外の兵を有すべきなりとしたが、専門家の説は二千から五千まで諸説あり、現在定まっていない。

また「桶狭間の合戦」の五年前に締結された武田、今川、北条の三国同盟は、織田、今川の対立関係に大きな影響を与えた。

今川義元は「花蔵の乱」を契機として、それまで長年戦ってきた甲斐の武田氏と軍事同盟を結んだが、逆にそのため従来親しかった北条氏とは、「河東一乱」と呼ばれる紛争を引き起こし争っていた。

しかしこの三国同盟により、北条氏とも仲直りして、今川義元は背後を心配することなく、三河から尾張へ勢力を拡張することが可能になった。

義元が尾張に侵攻してくるとみていた信長は、鳴海城に対する付城《つけじろ》として丹下砦、善照寺砦、中嶋砦を、そして大高城に対する付城として鷲津砦、丸根砦を築いて両城を無力化しようとした。

四、今川義元はどういう武将なのか

義元が今川家の家督を相続した頃、遠江今川氏（堀越氏）が見付端城で反旗を翻《ひるがえ》す事態もあり、遠江支配も万全ではなかったが、義元は「桶狭間の合戦」直前には、駿河、遠江はおろか三河も領有し、尾張の一部にも支配権を及ぼすという今川家の全盛期を築き、政治力もあり戦の経験も豊富な名将であった。

今川義元は今川氏親《うじちか》の五男で、おそらく度重《たびかさ》なる家督相続争いに懲《こ》りた今川家では、嫡男以外は仏門に入れられたようである。三男玄広恵探は遍照光院へ、四男象耳泉奘は京の泉涌寺へ、そして五男義元は四〜五才の頃、駿河の国善得寺に入り、家督とは無縁の僧侶の道を歩むことになる。

二男の彦五郎は、病弱な嫡男氏輝にもしものことがあれば跡を継ぐためであろうか、今川家に残された。

義元は名家の出身なれど、いわゆる温室育ちの御曹司としてではなく、日蔭者としての人生を過ごす宿命を負わされていた。

その後義元は上洛して、当時五山のメッカであった京の建仁寺に学び、京の公家との交流を深めた。そして天文四年、義元一七才頃に善得寺に戻っている。

不思議なことに、兄の氏輝と彦五郎が、天文五年三月一七日の同日に亡くなるということが起こり、義兄玄広恵探と家督を争った「花蔵の乱」に勝利して、義元は予期せざる今川家の家督を継ぐことになる。

これは武将としての資質に欠けていた兄に代わり、還俗《げんぞく》して家督を継承した上杉謙信とそっくりである。

義元は北条氏綱との「河東一乱」を始め、「三河今橋城及び田原城の攻略」、織田信秀との「小豆坂の戦」そして「安祥城の戦」などを戦い、実戦経験も豊富であった。

また政治家としての力量も非凡なものがあり、父氏親の制定した今川仮名目録を補足し、家臣統制のための条文を追加して「仮名目録追加」を制定した。

法治主義に基づき国を治めようとした今川義元は、家臣を掌握し領土を拡張していったが、三河の松平元康（徳川家康）も義元には忠誠を誓っている。

「桶狭間の合戦」の時、義元討死の報に接し、元康は「三河後風土記」によると、

「かようの節は種々様々の雑説多くあるべきことなり。自然敵方より間者をもって総大将義元討死などと虚説を言わすることもあるべし、その上真偽をも尋ね　きわめずして、あわてうろたえて退き　もしそのこと偽りにて義元存命においては第一申開きもなく」

と言っている。

すなわち、「戦の時には、敵の大将が討死したなどという虚説が流布されるものだ、そのことの真

偽を調べずに退いて、もしそのことが偽りであったなら、義元公に申し開きができない」、と元康は言ったというのである。

このことの真偽は分からねど、そう言ったかもしれないという状況であり、後日家康は義元が没した桶狭間を通るたびに、必ず下馬して通過したとも伝えられ、家康の義元に対する忠義は確かであると思われる。

経済政策に関しても、氏親が始めたと思われる領国の検地を義元は推進し、久保田氏（義元の領国経営）によると、検地による隠田、増分の把握により、今川氏の財政基盤を強化したが、多くの場合当該領主や有力百姓に対して新恩として給与し、彼らを家臣団に組み込んでいき寄親寄子制を形成し、今川家は戦国大名として成長していった。

また意外に駿河、遠江、三河三ヵ国の農業生産力が低かったため、義元は商業政策にも注力した。

この三ヵ国は駿河湾・遠州灘に面し、長い海岸線を有していたが、小和田氏（今川義元）によると、伊勢の大湊から遠江の掛塚湊などを経由して駿河の江尻湊に至る太平洋岸航路は、かなり発達していたという。

今川氏研究会編の「今川氏の水軍に関する覚書」では、義元は橋を築造し、駿河湾水軍を確立したであろうと推測している。

そして義元の船に関する判物《はんもつ》はかなり残されており、海上輸送に対する義元の関心の高さがうかがわれる。

また「信長公記」に記載されている通り（「首巻比較表」三九番参照）、「桶狭間の合戦」において、義元は伊勢海賊衆を味方に付け、信長との戦に万全の態勢を築いていたのである。

義元によって、より安全になった駿河湾・遠州灘そして伊勢湾の海上航路を利用して、今川領国で産出された特産品の茜などは京都などに運ばれたが、義元はそうした舟の出入りに税を課した。

一方陸上輸送も、甲・相・駿三国同盟による政情安定により活発になり、義元は友野氏に諸役免除の特権を与え、商人頭に任命し、政商に育成して、友野氏を通じて商人の掌握を推し進めた。

こうして城下町駿府は繁栄し、山口、一乗谷と並んで戦国三大文化の一翼を形成した。

更に安倍金山、富士金山などの開発を進め、産出された金は今川氏の財政を潤し、義元は当時最も富裕な戦国大名の一人だった。

千年に一人の天才織田信長がいなければ、文化教養にあふれ政治家としても一流だった今川義元は、我が国の戦国時代を代表する戦国大名になったに違いない。

五、「信長公記」とは

「信長公記」は、信長側近の弓衆だった尾張の国安食《あじき》村出身の太田牛一（通称太田又助〈介〉）が、自らの日記そしてそれを補足するメモ及び人から聞いた話などをもとに、著《あらわ》した織田信長の一代記である。

「信長記」「織田記」などと名称は種々あるが、牛一著書を以下「信長公記」という。

牛一は尊敬していた織田信長の天下人としての功績を書き残し、後世に語り伝えるために、この「信長公記」を書き留めたものと思われる。

千葉師範学校の田中久夫教授（太田牛一「信長公記」成立考）は、牛一は「信長公記」完成後も内容・字句・文章の改訂に精を出し、間違いに気付いた時は直ちに修正を加えていった。その際に巻首の部分も付け加えられたものと思われる、と見解を述べている。

江戸時代の大名・小名のほとんどは、その先祖が織田・松平の家来だったので、ご先祖様が実名で登場する「信長公記」に非常な関心を示し買い求めた。

そして牛一は売文家と評されるように、写本を注文に応じて提供した。

そうしたことにより、太田牛一の著した「信長公記」は、第一作から間違いを正したもの、購入者に都合の良い書き直しを加えたもの、更にひょっとすると筆写者の研究及び判断により、書き直されるなどにより、何通りかに分派していった。

首巻については、太田牛一の自筆本は現在発見されておらず、主な写本は次の通りである。

1. 陽明本（近衛家陽明文庫の蔵書）
2. 町田本（帝国博物館長を務めた薩摩人町田久成氏の蔵書で、史籍集覧・戦国史料叢書として紹介されている）
3. 尊経閣文庫本（加賀前田家の書籍を保管する尊経閣文庫の蔵書で、「織田記」という）
4. 天理本（伊勢亀山藩主の石川家の竹柏園蔵書だったが、現在天理大学附属図書館の蔵書）
5. 南葵文庫本（紀伊徳川家の蔵書）

首巻を有しない「信長公記」は、備前池田家の蔵書である池田本を始め建勲神社本、安土日記など多数ある。

「信長公記　天理本」

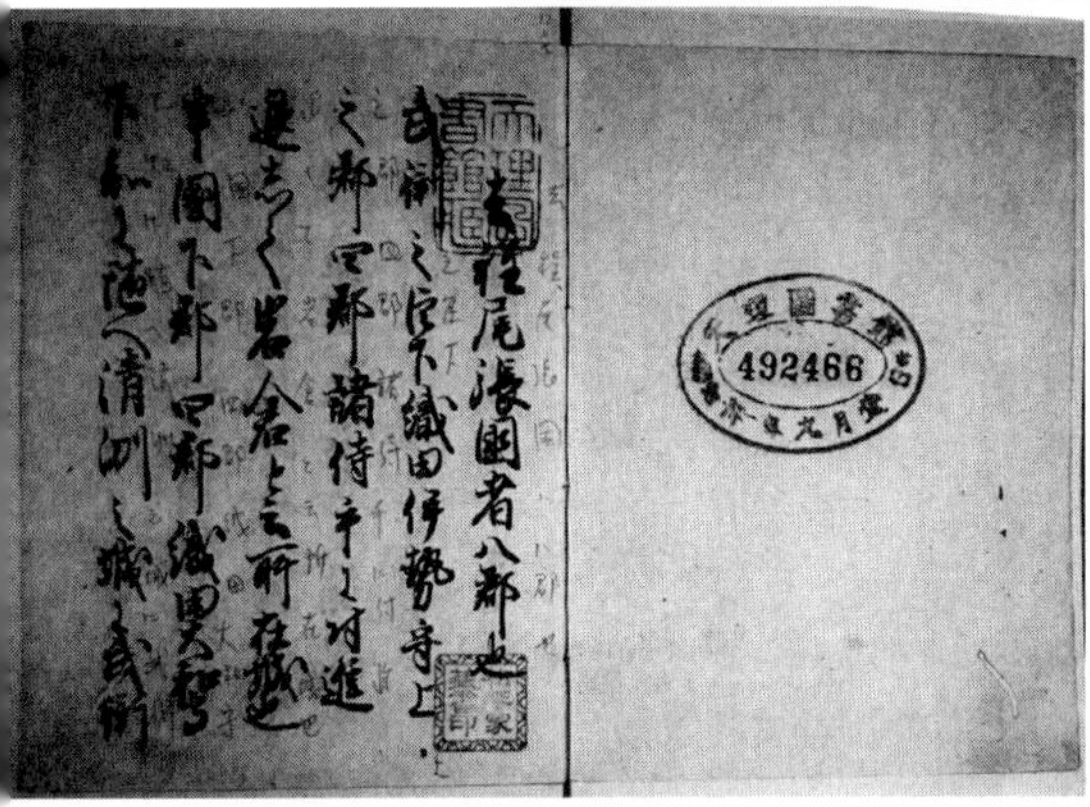

「信長公記　天理本」

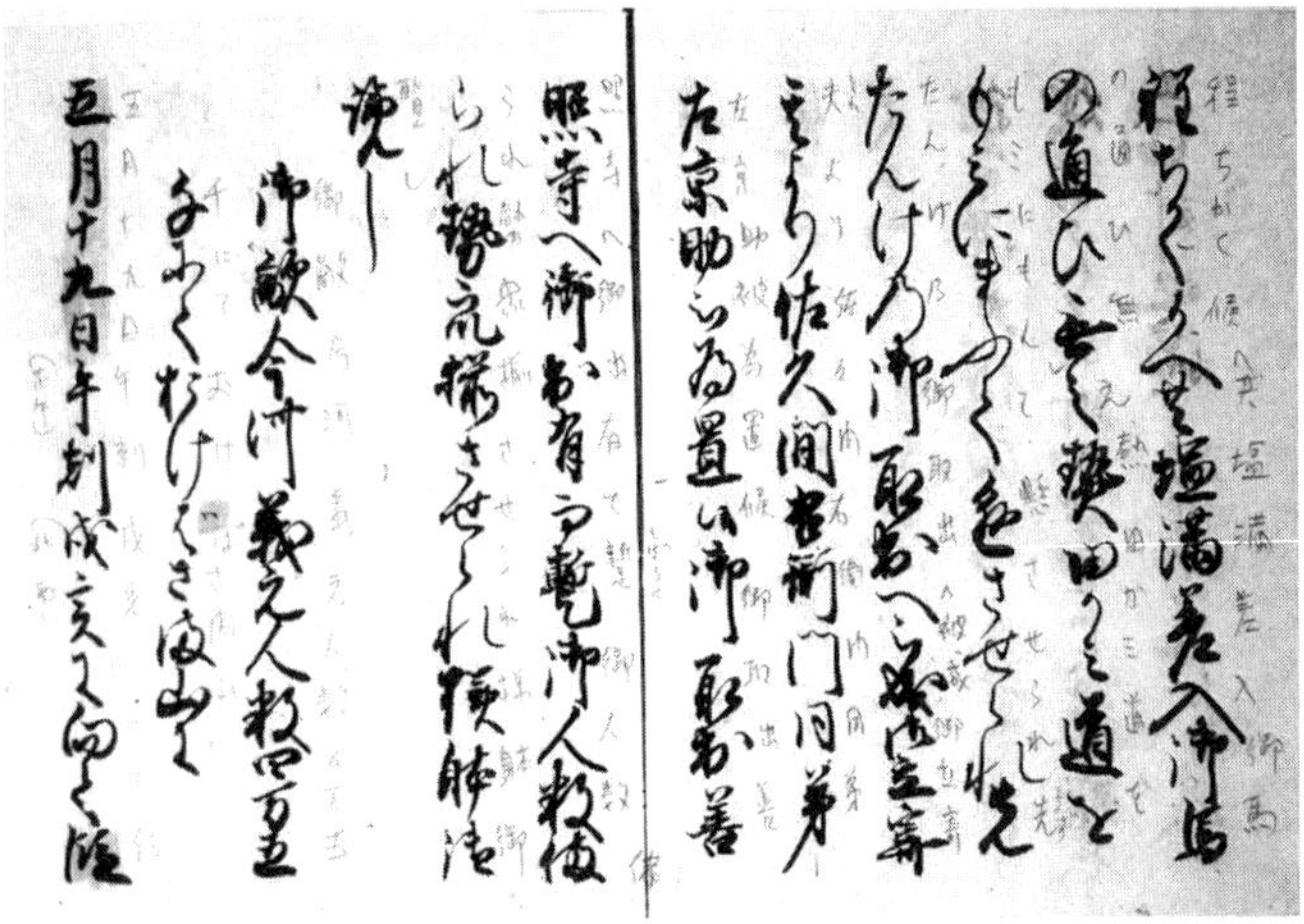

「信長公記　天理本」

御敵今河義元　人数四万五千にて
於けばさ間山に

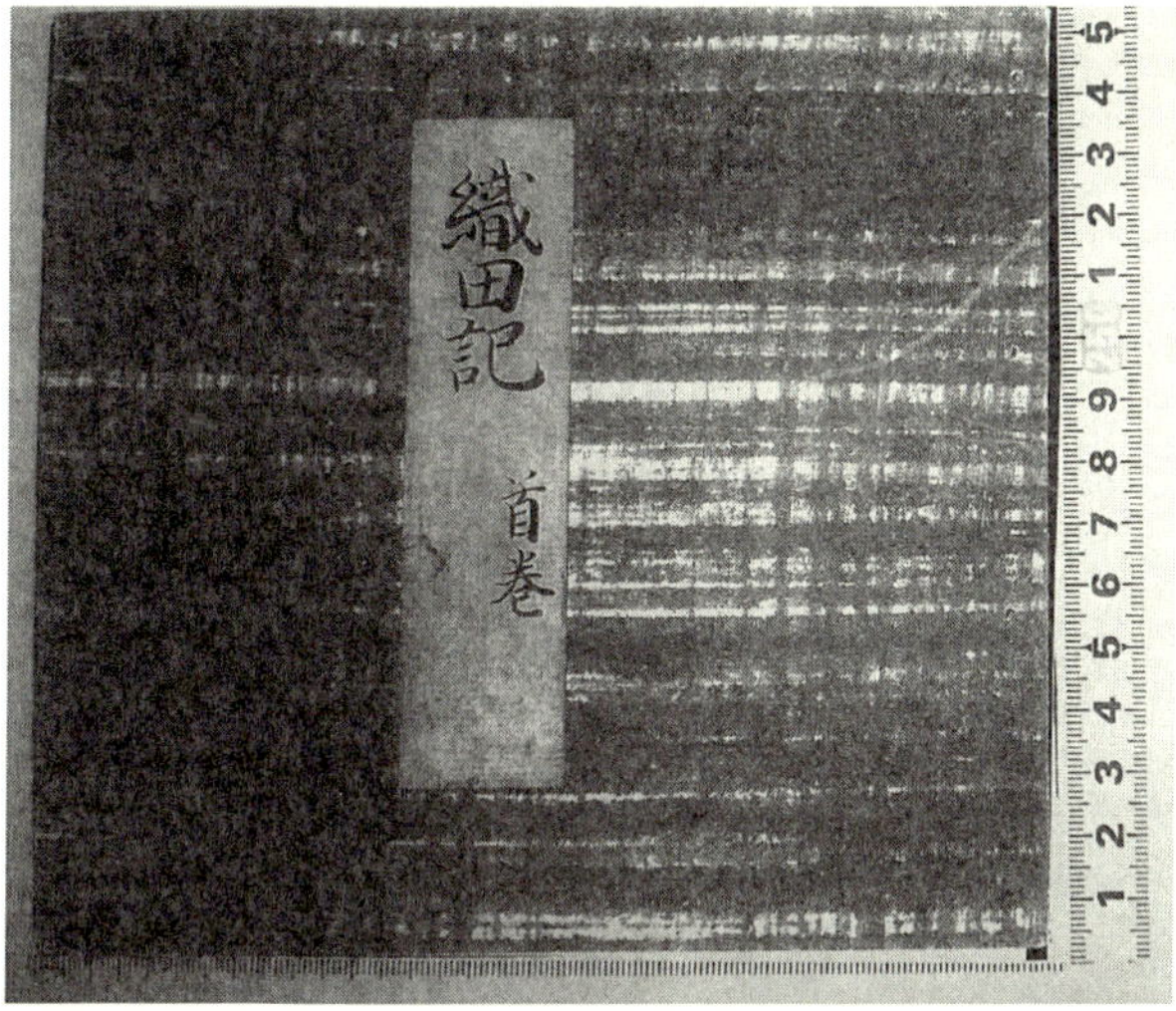

「信長公記　尊経閣文庫本（織田記）」

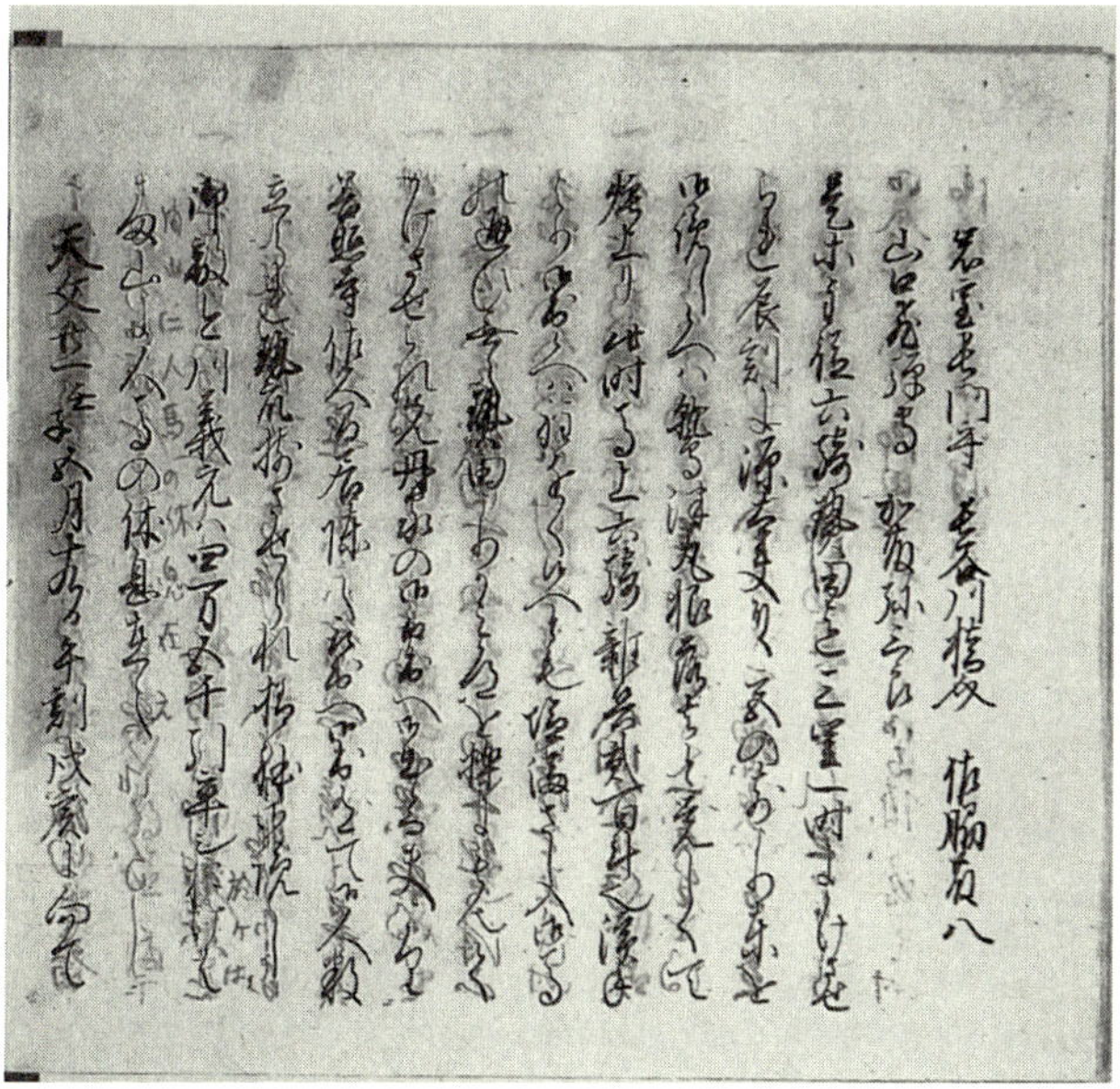

「信長公記　尊経閣文庫本」
御敵今川義元ハ四万五千引率し、於ヶはさ間山に
人馬の息を休めこれあり

天正八年の荒木村重の花熊城攻めにおいて、池田恒興と子の勝九郎・幸新兄弟が華々しい活躍をしたのが備前藩主池田家興隆の第一歩であるが、池田輝政（幸新）にとって思い出深い初陣であったから、もっと特筆して欲しかったのであろう。池田本第十三巻には、次の十三文字が表記されている。

「忝《かたじけなく》も被成御感状（賞状をたまわり）後代之面目也」

岡山大学石田善人教授（信長記と池田氏解題）は、池田本第十三巻にのみ、この十三文字が記されているのは、池田輝政が信長からもらった感状を証拠に、余白を使って牛一に追記させたのではないか、と推理している。

更に、池田輝政は甲斐遠征に従軍したことを牛一に話し、陣立ての一覧にその幼名池田幸新を記入せよと迫った。

しかし第十五巻のこの個所は人名がずらりと書かれていて余白が無かったので、欄外に追加せざるをえなかった。

後に輝政の熱烈な崇拝者だった孫の光政は、祖父の幼名幸新が欄外に記入されていることに我慢がならず、欄外の「幸新」とその下にあった「蜂屋兵庫頭」を削り取り、そこに「池田幸新」の名を書き込んだのである。

「陽明本」及び「町田本」に記入された陣立ては、

織田七兵衛信澄・菅屋九右衛門・矢部善七郎・堀久太郎・長谷川竹・福富平左衛門・氏家源六・竹中久作・原彦次郎・武藤助・蒲生忠三郎・永岡与一郎・**池田勝九郎**・**蜂屋兵庫頭**・阿閉淡路守・不破彦三・高山右近・中川瀬兵衛・維任日向守・惟住五郎左衛門・筒井順慶となっている。

これに対して、「池田本」に記入された陣立ては、
津田七兵衛殿（織田信澄の別名）・菅屋九右衛門・矢部善七郎・堀久太郎・長谷川竹・福富平左衛門・氏家源六・竹中久作・原彦次郎・武藤介・蒲生忠三郎・永岡与一郎・**池田勝九郎**・**池田幸新**・阿閉淡路守・不破彦三・高山右近・中川瀬兵衛・維任日向守・惟住五郎左衛門・筒井順慶・**蜂屋兵庫頭**と蜂屋兵庫頭が最後に書き加えられている。

なお池田本第十三巻には、長文の奥書（巻末に記してある書物の由来、文書の保証等）があり、そこには、

「たびたび日記のついでに書き留めたものが、自然に集まってできた記録であり、私作私語にあらず、実際に有ったことは除かず、無かったことは付け加えていない。一点といえども虚を書すれば天道は如何《いかん》」

と書かれている。

ところが有りたることを書かず、と疑われる部分が存在する。

安土城築城の時、六～七千人が大石を運び上げる際に、一度少し片側へ滑り出た時に、百五十人の人夫がその大石のために下敷きとなり、押しつぶされたことを載せず、

「信長公御巧《たくみ》を以て　たやすく御天主へ上させられ」

としか記述していない。

更に天正五年九月の上杉謙信に敗れた「手取川の戦」のことが、書かれていない。

天下人信長にふさわしくないと思われる部分は、削除しているのではないか。

首巻の重要な部分及び諸本の主な相違点を一覧表にしたのが巻末の「首巻比較表」で、陽明本の記載順に付番しているので参照下さい。

「桶狭間の合戦」前年の永禄二年に信長が上洛した時に、対立していた美濃の斎藤義龍が信長に刺客を放った時の記述を「首巻比較表」の四六、四七番で諸本を比較してみる。

陽明本・町田本・尊経閣文庫本（織田記）の記述は同じだが、天理本のみ異なっている。

「信長公記」には次のように記述してある。

丹羽兵蔵という機転の利く者が、様子のおかしい五〜六人連れに不審を抱いて、信長の刺客であることをつきとめ、家の門柱を削って、間違えないようにしるしを付けてから、夜中に信長の宿を訪ねて急を知らせた。

信長は、直ちに刺客たちの泊まっている宿屋へ家臣たちを行かせ、

「その方《ほう》どもが上京していることを信長公はご存じだから、今から信長公に御礼言上に参上せよ」

と言わせると、刺客たちの仰天すること無限であったという。

その翌日、京都上京区立売《たちうり》で、信長と刺客たちはバッタリ遭遇した。その時信長は、

「汝等《なんじら》は　上総介が討手《うって》にのぼりたるとな。

若輩《じゃくはい》の奴原《やつばら》が進退にて某《それがし》を狙うこと、**蟷螂《とうろう》（カマキリ）が**斧《おの》とやらん。

しかしながら、ここでやるか」

と仰懸《おおせか》けられ候へば、**六人の衆難儀《なんぎ》の仕合《しあわせ》にて候也**

「お前たちはこの信長の刺客として上京したそうだな。力不足の者たちがこの俺を討つとは、カマキリが大きな隆車に立ち向かうようなものだ。しかし、せっかくだから、今からここでやるか」

と、信長が言うと、六人の刺客たちは肝をつぶし、言い返すこともできなかった。

これは、中国の春秋時代に、斉の荘公が狩りに出た時、斧に似た前足を持っているカマキリが、前足を上げて荘公の乗っている隆車の車輪を打とうとしていた。荘公が、

「何という虫か」

と尋ねると、御者が

「カマキリという虫で、進むことだけは知っているが、自分の力をわきまえずに、何にでも向かっていきます」

と、答えたという故事を踏まえている。

このカマキリのように、力の足りない者が過信して、大敵に立ち向かうことの例《たとえ》として言っているのだが、信長の学のあるところが、うかがわれる。

その時の刺客の名前が「首巻比較表」四六番の陽明本・町田本・尊経閣本では、小池吉内・平美作・近松田面・宮川八右衛門・野木次左衛門是等なりとなっている。

しかし数えてみると五人で一人足りない。

天理本では小池吉内・平美作・近松田面・宮川八右衛門・野木次左衛門・青木加賀右衛門是等也と六人記述されている。

「首巻比較表」四七番で「六人の衆難儀の仕合にて候也」、と刺客は陽明本・町田本・尊経閣本そして天理本ともに六人とされているから、これは天理本が正しいことになる。

織田信長家臣団研究会会員の和田裕弘氏（信長記の大研究）は、青木加賀右衛門の一子一重は、摂津麻田一万石の大名となり、太田牛一の一子牛次は、この一重の家来になっているため、牛一の子孫が主家を慮《おもんぱか》って、刺客という不名誉な事実を削除したと考えられる、と主張している。

従って天理本は、より初期の写本ではなかろうか。

「首巻比較表」八番の信長と斎藤道三が会見した寺の名前について、天理本は正龍寺としているが、陽明本・町田本・尊経閣本は正徳寺となっており、正しくは正徳寺である。

牛一が後で間違いに気付き、正徳寺に訂正した、と私は思う。

次いで天理本と他本との大きな相違点は、「首巻比較表」の一九番と二十番である。弘治二年五月二六日に、信長は兄（または弟）の織田安房守と二人で、信長家老の林佐渡守が城代を務める那古野城へ出掛けた。

その時林佐渡守の弟の林美作守は、

「いい機会だから、この際信長に切腹してもらおう」

と、兄を説得したが、

「三代にわたって恩を受けた主君を謀殺するのは、天道が恐ろしい」と言って、佐渡守が反対したので、信長は虎口を脱するということがあった（「首巻比較表」十六番参照）。

その三ヶ月後、柴田権六（勝家）、林佐渡守、林美作守が、信長に反旗を翻した「稲生の戦」において、信長は自ら美作守を討取った。

その時の情景を「信長公記」（「首巻比較表」十九番）では、「信長　林美作をつき臥《ふ》せ、首を取らせられ、御無念を散ぜられ」、と記述している。

しかし、その後の首実検の時、天理本にのみ
「信長公　林美作首をば御足にて、けさせられ候也」

と、記述されている（「首巻比較表」二十番参照）。

同じような記述が、備前岡山藩の儒学者湯浅常山の著した「常山紀談」に載っている。

甲斐武田征伐の後、

「又一説に、勝頼の首を滝川が士　滝川荘左衛門という使い番に持たせて　信長に見せ申せば、さまざまに罵《ののし》りて、杖にて二つ突きて後、足にて蹴られけり」

このことの真偽も定かでないが、林美作守の首を蹴飛ばしたというのは、牛一の聞いていたことが間違っていたと思い、訂正した可能性があるというものの、信長を尊敬していた牛一は、美作守の首を蹴飛ばすというのは、天下人信長の行為としてふさわしくないと考え、削除したのではないか、と

私は思う。

「首巻比較表」四番については、天文十六年織田信秀が美濃に攻入り斎藤道三と戦い、敗北した時のことであるが、織田軍の戦死者を五千ばかりとしているが、尊経閣本のみ五十ばかりと記している。

当時の戦で五千人も戦死者が出るわけがなく、五十が実態に近いと思われるが、尊経閣本は単に写し間違った可能性もあり、また筆写者の判断で五十と修正したのかもしれない。

更に「首巻比較表」二二番の尾張国の天永寺の天沢《てんたく》長老が甲斐国を訪れた時、武田信玄から信長の日常生活を尋ねられた件《くだり》については、陽明本・町田本・尊経閣本は「桶狭間の合戦」の前に記述してあり、文章もまとまっているが、天理本のみ「桶狭間の合戦」の後に記載されており、文章表現のまとま

「信長公記　天理本」

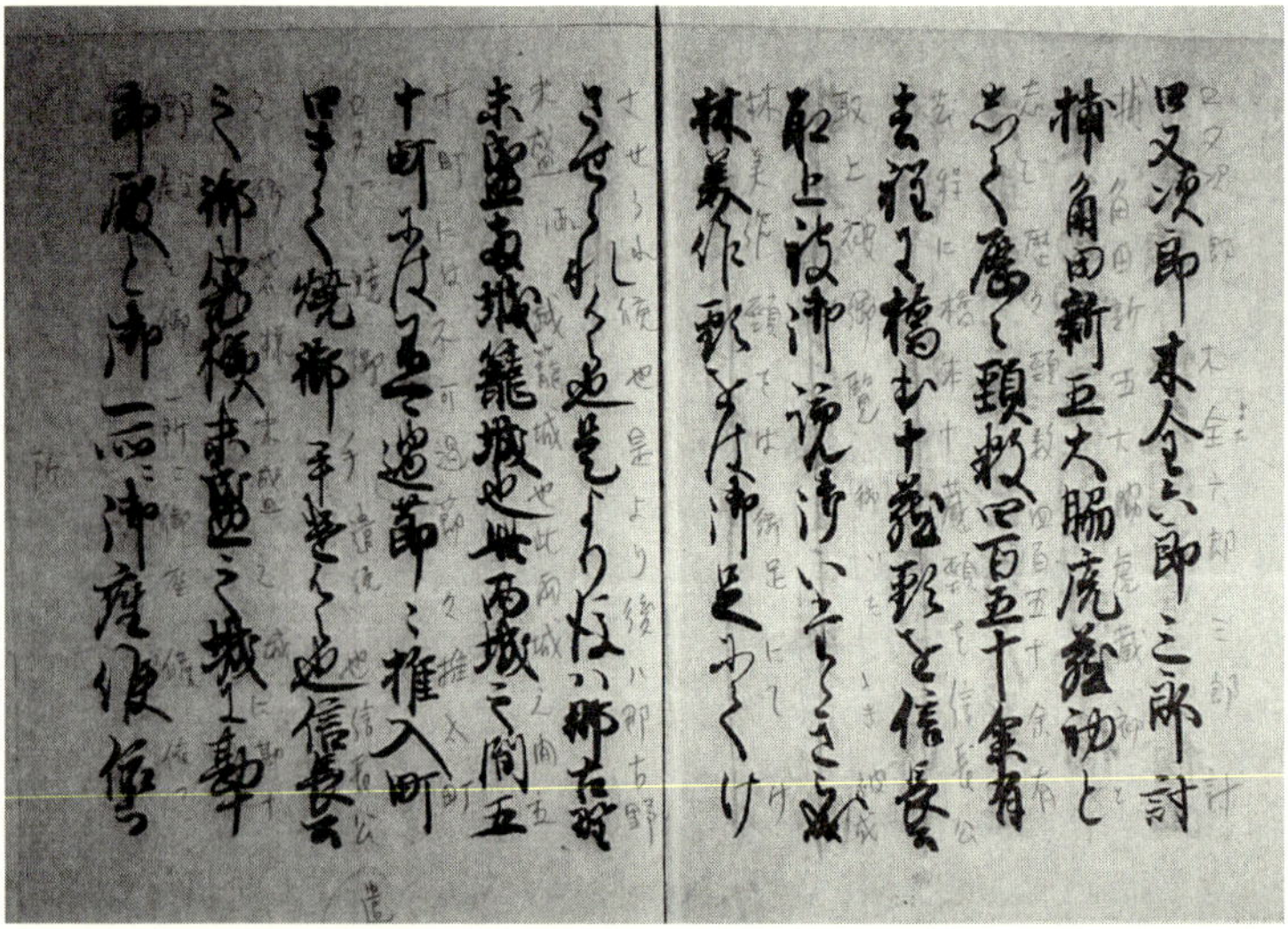

信長公　林美作首をば御足にて、けさせられ候也

りが悪い。

もう少し付け加えると、天沢長老が尾張の国から来たというのを知った武田信玄は、信長の日常生活・趣味などをありのまま、残らず物語って欲しいと頼む。

信長が敦盛の一番以外舞わない、また小うたを好きで　うたわせられ候と聞いた信玄は、

「いな物（おかしなもの）を好きだな、それはどんな歌か」

と更に問いただす。

との答に、

「死のうは一定《いちじょう》、しのび草には何をしよぞ……（「首巻比較表」一三番）」

「ちと　そのまねをして下され」

と、信玄は頼むが、

「沙門《しゃもん》の身ゆえ　ご勘弁下さい」

と、天沢長老は辞退する。

しかし信玄は
「是非《ぜひ》に是非《ぜひ》に」

と、重ねて頼み込み、とうとう天沢長老はまねをさせられてしまった。

このやり取りは、「桶狭間の合戦」に信長が勝利して、日本中がびっくり仰天した後の話ではなかろうか。

奇跡的な大勝利を収めた織田信長という男、一体どんな哲学を持った男なのか、名将武田信玄はそ

れを普段の生活から探ろうとしたのではないだろうか。

「首巻比較表」三八番の「桶狭間の合戦」で、今川義元に槍を付けたのは、陽明本・町田本・尊経閣本では服部小平太となっているが、天理本のみ服部小藤太と記されている。

歴史小説作家の桐野作人氏（信長記の大研究）は、天理本の誤りに気付き訂正したのかもしれないが、小平太と小藤太は兄弟で、同じように義元に掛かっていったのではないか。

小藤太は本能寺の変で討死したが、小平太は大名になったので、牛一は小平太に花を持たせたという可能性も考えられるという。

小島広次氏（信長記巻首の性格について）によると、「信長公記」本文十五帖には太田又助の名前は一度もみられない。

首巻に三ヶ所記載されているだけであると述べている。

すなわち牛一は、

「永禄十一年の上洛から信長死去に至る十五年間を、各年毎の『信長公記』十五巻にまとめ、天下人信長の覇業を後世に書き残したい、と思ったのであろう」

戦国の武人が、自己の武功を誇らかに語りたかったであろうことは、容易に想像できる。

太田牛一とて例外ではあるまい。

しかし牛一としては、十五巻はそうしたことよりは、事実を記録として残したかった。

「信長公記」は、天下人信長の覇業を記録することが目的だったのである。

そのため太田又助の名前は登場していないのではなかろうか。

しかし首巻には自らの名を記している。

従って、太田又助の名が記載されている信長の上洛以前の首巻について、牛一自身別なものとして考えていたのではないか、と私は思う。

太田又助は、「首巻比較表」の陽明本・町田本・尊経閣本の「首巻比較表」の一一、二四、五一の各番に三ヶ所記載されている。しかし天理本に記載されているのは五一番の又介のみである。

更によく見ると、記載された三ヶ所の太田又助の字が違う。

尊経閣本は三ヶ所とも又助である。陽明本・町田本では、一一番と五一番は又助だが、二四番は又介である。

名古屋工大の内藤昌教授は「安土城の研究」で、「永禄十一年記」はまぎれもない牛一自筆本で、本文巻頭に「太田又助綴之」、奥書に「太田又助（花押）と記す」、と述べている。

郷土史家の松田亮氏は、「太田和泉守牛一雑記」に次のように記述している。

「永禄十一年九月、信長の上洛時に軍団の再編成が行なわれ、牛一は丹羽長秀の与力となって二千石を扶持。

元亀三年に牛一は長秀の右筆となり、信長の祖父信定と同名を名乗り、上賀茂神社の役者に年貢の督促状を交付した。

その時元亀三申五月十一日　太田又介信定（花押）と署名している。

そして天正九年三月近江蒲生郡の二ヶ村に属する中野郷の悶着に、同僚の成田重成と共に決裁した書類の署名は太田又介信定（花押）である。

更に翌十年に上賀茂神社からの年貢の祝儀に対し、返礼を送達した時の文書の署名は太田又介信定（花押）である。

しかし本能寺の変の後、天正十年に牛一が上賀茂神社の別当右京進・左衛門佐等に信長追悼弔慰の品々の礼状を送達した文書には、六月二二日太田又助信定（花押）と署名してある」

この当時、現代と違い名前の字の間違いはごく普通に存在し、読み方が同じであれば他人の名前は平気で異なった字を使っているが、自分の字を間違えるだろうか。

「信長公記」におけるこの「又助」と「又介」の異なる記載は何を意味するのか。

これは牛一本人が書いたのだろうか。

現存する首巻は全て写本だから、筆写者の単なる写し間違いなのだろうか。

それとも牛一本には無く、後で誰かが書き加えたものなのだろうか。

推理の種は尽きない。

次に首巻の年表記の間違いについて考えてみよう。

「桶狭間の合戦」は、「信長公記」の「首巻比較表」三六番には天文二一年五月一九日と記されているが（尊経閣本のみ年月日表記無し）、実は他の証拠から永禄三年五月一九日であることが分かっている。

八年も違っているのである。これをどう理解したらよいのか。

「桶狭間の合戦」の当時、牛一は満三三才で既に信長に仕えているが、当時はまだ日記を付けていなくて、メモに「桶狭間の合戦」のことを記《しる》していたのではなかろうか。

メモにはおそらくその時、年は分かり切っているので、月日しか記していなかったのだろう、と私は想像する。

牛一はその晩年に自らの日記、メモ及び人から聞いた話などをもとに、「信長公記」を書いたという説が有力だが、首巻最大のハイライトである「桶狭間の合戦」の年を八年も間違えているのである。首巻の他の個所でも月日は正しいが年がまちがっている部分があり、弘治二年の斎藤道三の討死、永禄二年の信長上洛及び尾張統一などが、「桶狭間の合戦」の後に記述されている。月日はメモに従って記述しているので正しいが、年は記憶をたどりながら整理していったのだろう。しかし人の記憶は不確かなもので、他人の記憶も参考にしたと想像するが、いたるところで間違えてしまったと思われる。

天理本の位置付けを考える上で、**更に重要なのは年の表記方法である。**

「首巻比較表」の二、三、五、六、七番は、天理本のみ年表記が有り、他の陽明本・町田本・尊経閣本には年表記が無い。

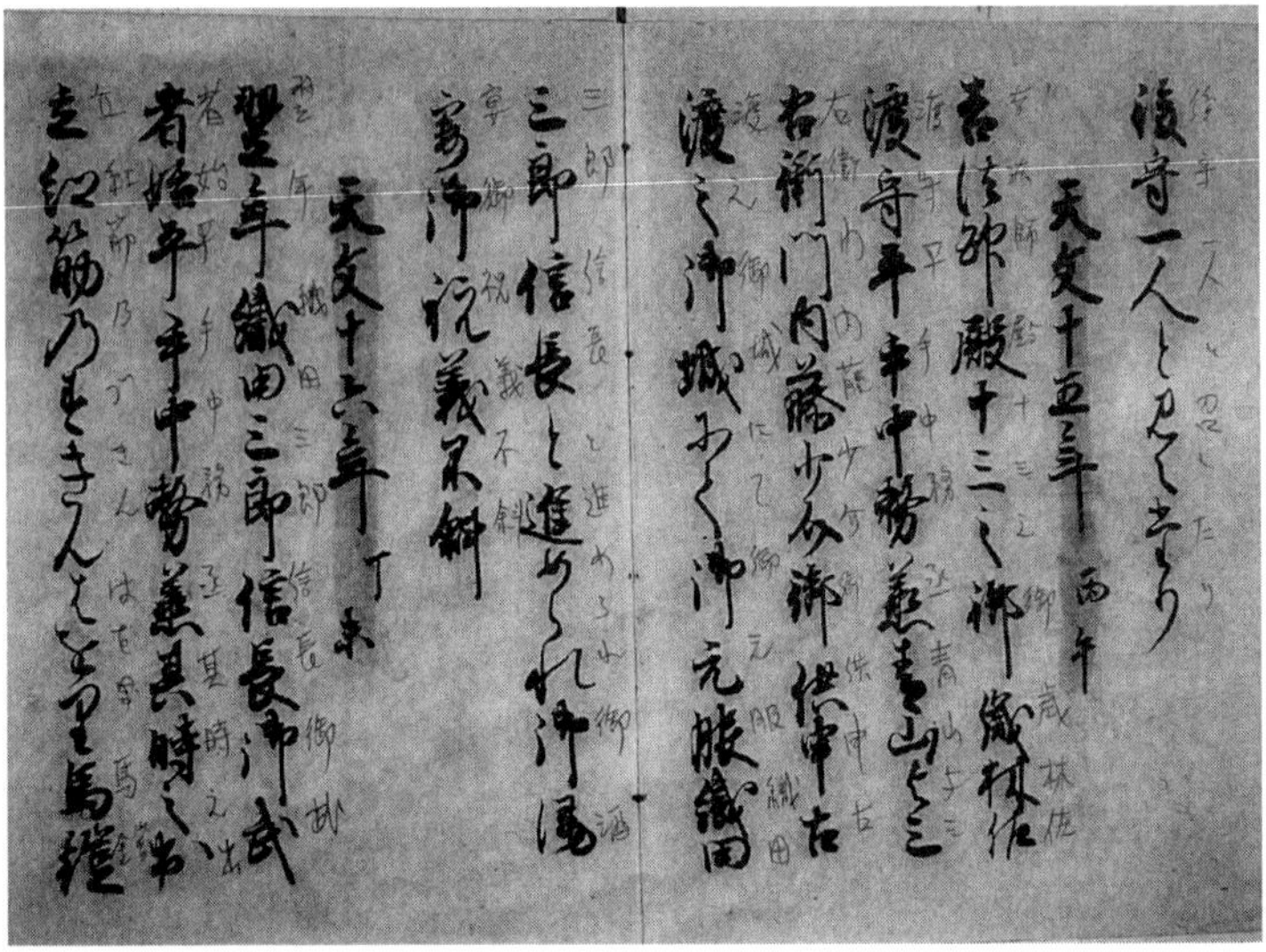

「信長公記　天理本」

天文十五年、天文十六年と区分表記されている

「信長公記」は永禄十一年の上洛から本能寺までの十五年間を一年一巻として、十五巻にまとめている。

首巻は十五巻の後に書かれているという説が有力だが、首巻も書き始めは、十五巻と同じように上洛前の事柄も各年毎に書こうとしたのではないだろうか。

「天理本首巻」は、改行して天文十五、十六、十七、十八年と記述されているが、上洛前は牛一にとっても年の判別が困難だったのではないかと思われる。

そのため首巻については、途中で年毎の区別を諦めたのではないだろうか。

また記述すべき内容（できごと）の無い年もあるのである。

首巻においては、年表記を諦めたので、後に書かれた他の陽明本・町田本・尊経閣本には、年表記があまり無いのである。

「信長公記」の特徴は一年を一巻として、各年毎にまとめているところにあるので、この年表記の有無の違いは、天理本が他の写本より早く作られたものの写本であることの有力な証拠になる、と私は思う。

内藤昌氏（安土城の研究）は、

「天理本は目次を全く有せず、構成上不備が目立つ。特に首巻は未だ決定稿をみない段階の写本と考えられる」

と、見解を述べている。

天理本は、お経のように書きつづられて、改行すべきところをしていない個所が随所にみられ、読者に見てもらえる状態になっていない。

天理本は首巻の原稿で、それに政治的な要因などが加わり、更に文章も練り上げられて、陽明本・町田本・尊経閣本になったのではないか、と私は推測する。

「首巻比較表」を見ても陽明本・町田本・尊経閣本は、内容的にあまり相違が無く、天理本のみ他と大きく異なっている。

表現上の未熟さ及び間違いがあるものの、天理本こそ当初の生データに近く、逆に真実を伝えている、と私は思う。

六、今川義元は織田信長をどうみていたか

「桶狭間の合戦」当時、今川義元は満四一才、織田信長満二六才で、義元が一五才年長である。

尾張の国は、岩倉城の守護代織田伊勢守が上四郡を、清須城の守護代織田大和守が下四郡を支配し、清須城の大和守は守護の斯波氏を擁していた。

織田信長は清須城の織田大和守の三奉行の一人織田弾正忠家に生まれ、父の織田信秀は、勝幡《しょばた》城を居城にして、津島地方を支配していた。

千五百年の歴史を誇る津島神社は、古くは牛頭《ご ず》天王《てんのう》社とも呼ばれ、厄除け・授福の神である牛頭天王信仰の総本社で、津島御師《おし》の布教活動により、東日本中心に約三千の御分社があった。

津島は東海道・中山道から来る伊勢参りの人々の通行の要所になっていたこともあり、東方からの伊勢参りの人々は、津島神社にも詣でるのが一般的で、「津島かけねば片参り」といわれた。

更に津島は、伊勢国から尾張国へ渡る伊勢湾海上交通の港町でもあり、当時の尾張国では、清須に次ぐ繁栄した都市であった。

津島神社の門前町でもあり、港町でもあった津島の財力は大きく、織田弾正忠家の繁栄のもとになった。

信秀・信長ともに、経済的基盤を持った津島の豪族たちの歓心を買うために心を配ったが、「信長

尾張国の八郡

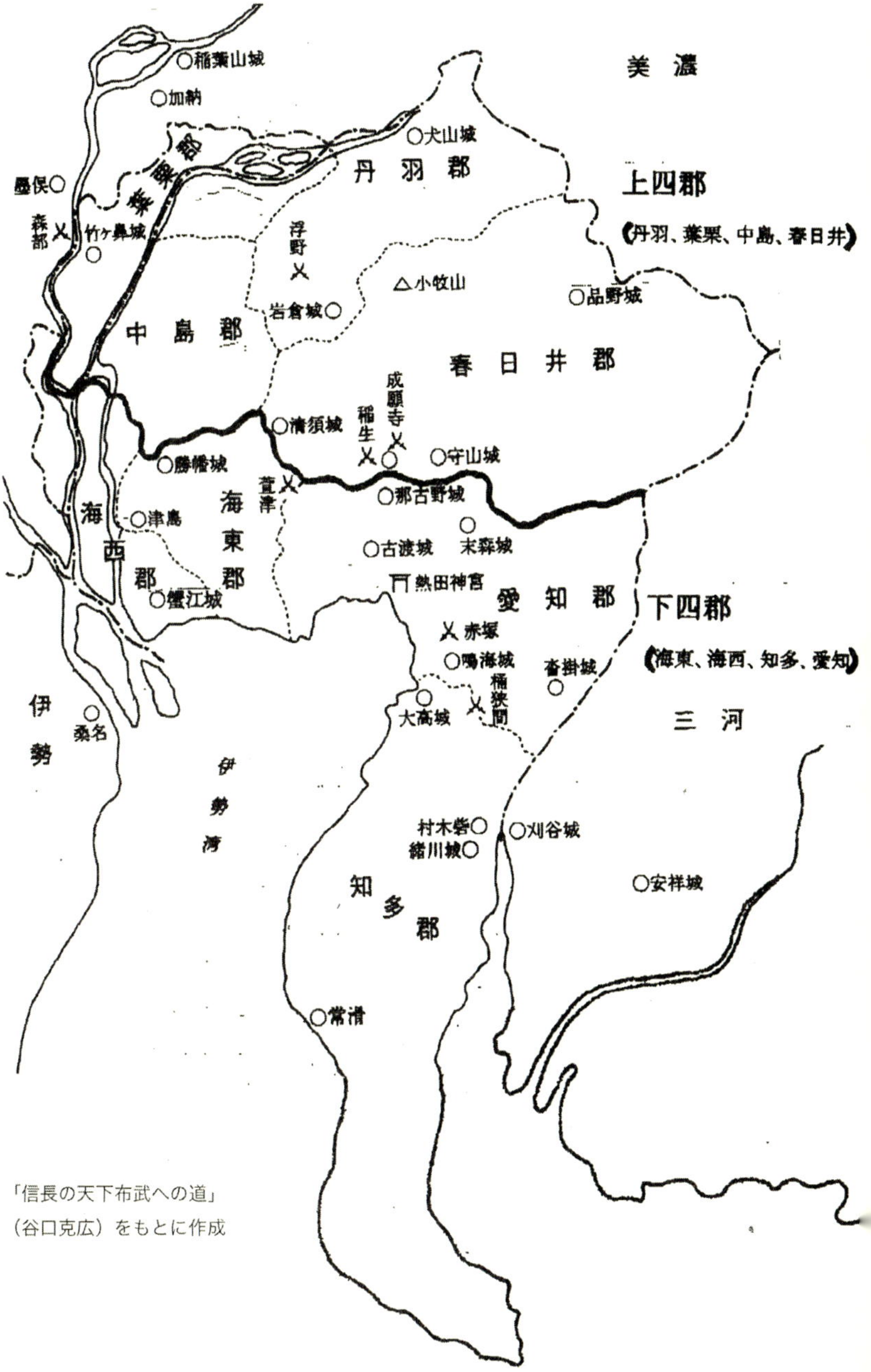
美濃
稲葉山城
加納
犬山城
葉栗郡
丹羽郡
上四郡
（丹羽、葉栗、中島、春日井）
墨俣
森部
竹ヶ鼻城
浮野
小牧山
品野城
岩倉城
中島郡
春日井郡
成願寺
稲生
清須城
守山城
勝幡城
萱津
那古野城
海西郡
津島
海東郡
古渡城
末森城
熱田神宮
蟹江城
愛知郡
下四郡
（海東、海西、知多、愛知）
赤塚
鳴海城
沓掛城
桶狭間
大高城
三河
伊勢
桑名
伊勢湾
村木砦
刈谷城
緒川城
安祥城
知多郡
常滑

「信長の天下布武への道」
（谷口克広）をもとに作成

公記」には、津島の豪族堀田道空の屋敷で、信長は天人の姿で小鼓を打ち、女踊りを披露したことが紹介されている。

その後津島五ケ村の年寄たちは、清須へやってきて、踊りの返礼をした。信長は年寄たちを側に召し寄せ、

「これはひょうきんだ、または似合っていた」

などと親しげに話し掛け、うちわであおいでやったり、お茶を飲むように勧めたりした。

一同は信長の歓待に感激して、炎天の辛労を忘れ、皆涙を流して喜んで帰って行った、と「信長公記」に記されている（「首巻比較表」一二番参照）。

「尾州津島天王祭記」によると、永禄元年夏に信長は天王川の橋の上で、天王祭を見物したと記録されているが、祭見物と称して津島の豪族たちとの交わりを深めたのではなかろうか。

信長と津島のかかわりは深く、後に信長が本能寺で倒れた報に接した津島の人々は、天王祭の準備を中止し、船は飾りをしない素車で天王川を渡し、その死を悼み弔意を表したという。

尾張のみならず全国の天王信仰の中心となった津島神社

信長が天王橋の上から見物したと伝えられる津島天王祭を描いた「津島社祭礼図屏風　右隻」。
（徳川美術館所蔵　(c)徳川美術館イメージアーカイブ/DNPartcom）
　今も津島祭は、七月の第四土日曜日に開催される。

天王川は天明５年に、天王橋のところをせき止めたようで、現在は天王川公園となって残されている。

父の信秀は、津島支配から更に熱田の北口の古渡に城を築き、東海道・中山道そして北陸の日本海筋とを最短距離でつなぐ交通の要所で、また伊勢湾の有力港町でもあった熱田を勢力圏に取り込み、津島神社と熱田神宮という尾張の信仰の要を手中に収めた。

そして信秀は那古野城を今川氏豊から奪い、尾張南部に勢力を拡大していったのである。

「桶狭間の合戦」で今川義元に一番槍をつけた服部小平太・小藤太兄弟は、大橋・岡本・恒川・山川・堀田・平野・服部・鈴木・真野・光賀・河村という**津島の四家七苗字**と称される津島十一党の内、服部家の者であり、また信長が善照寺砦に来た時、中嶋砦から今川軍に攻め掛って討死した部将千秋四郎は、熱田大宮司家の者である。

信長は天文二十年（一五五一）三月に、満一六才で弾正忠家の家督を相続したが、当時尾張の国の中には、今川に内通する者たちがいた。

桐野作人氏（信長）によると、鳴海城主の山口左馬助教継とその子九郎次郎父子は、鳴海から北方の笠寺へ進出し、更にその北の中村に砦を構え、彼らの城は尾張の国へ入り込んだ今川の出城になったという。

脅威を感じた信長は天文二一年四月に、中村砦、笠寺砦、鳴海城に対して、八百の兵を率いて三の山に陣取った。

鳴海城の山口九郎次郎は、千五百の軍勢で打って出て、三の山を挟み撃ちにする地点となる赤塚に布陣した。

兵力に劣る信長軍だが赤塚に攻め寄せ、午前十時から二時間程戦った後、双方損害を被り、兵を引いた。

その四ヶ月後の同年八月に、下四郡を支配する清須城の守護代織田彦五郎の老臣坂井大膳・坂井甚介などが信長に叛いたので、信長は叔父の織田信光とともに清須へ攻入り、萱津《かやつ》で火花を散らして戦い、坂井甚介を討ち取り勝利した。

そうした状況の中、尾張を狙っていた今川義元は村木砦を築いて、目障りな信長方である尾張の智多郡緒川城主水野信元を孤立させようとした。

林佐渡守・美作守などが反対する中、信長は今、親信長派の水野信元を見捨てるようなことをすれば、それは自分の身の破滅につながると考え、万難を排して村木砦攻略を決意した。

天文二三年一月二一日　信長は、村木砦が機能を発揮すれば立ち枯れになるという窮地に陥った水野信元救援のために那古野城から出陣し、熱田に宿泊した。

緒川城への通り道に位置する尾張の鳴海城、寺本城、沓掛城などが今川方となっていたため、熱田の港から海路をとることにしたが、翌日は大風であったため、渡海できないと水夫《かこ》・舵取《かじとり》りの者たちが申し上げたが、信長は昔源義経が渡辺・福嶋から屋島へ攻め込む時もこのような大風だったのだろう、と言って強行して、智多半島南岸に着岸した。

信長はそこから智多半島を北上し、一月二四日に水野信元とともに村木砦に攻め掛かり、信長は攻め難い南面を受け持って猛攻し落城させたが、その戦い振りは凄《すさ》まじく、信長は前線の堀端に立って陣頭指揮し、敵が弓矢を射る狭間を三つ無力化するため、鉄砲隊を下知して戦った（「首巻比較表」一四番参照）。

激戦の後、死んだ部下たちに対して、

「誰それは死んだか、そうか」

と言って涙を流したと、信長の人情味を記述している（「首巻比較表」一五番参照）。

更にこの時、兵数の少ない信長は、清須勢が那古野城を襲わないように、向背《こうはい》常ならぬこの時代、大胆にも舅の斎藤道三に援兵を頼み、安藤伊賀守は千の兵で、信長が留守の那古野城を守った。

清須城には守護代織田彦五郎と小守護代の坂井大膳がいたが、天文二三年七月に、暗躍する坂井大膳は、河尻左馬丞・織田三位らとも共謀して、守護の斯波義統《しばよしむね》を謀殺した。

斯波氏（武衛家）の嫡男若武衛は、信長を頼って来たので、天王坊に庇護したが（「首巻比較表」一〇番参照）、信長は守護の斯波氏（若武衛）を擁することで、**大義名分を得、有利に戦を進めることができた。**

そして信長は柴田勝家に命じて清須城を攻めさせ、河尻左馬丞・織田三位らを討ち取った。

この時太田牛一は、柴田勝家の足軽衆として参戦している（「首巻比較表」一一番参照）。

更に翌弘治元年四月、信長は叔父織田信光と手を結び、次のように謀略によって清須城を乗っ取った。

劣勢を感じた坂井大膳は、織田信光に守護代になって欲しいと持ち掛けたので、信光は裏表無き旨の起請文を書いて清須城に入城した。

その後御礼言上に参上した坂井大膳は、清須城の雰囲気のただならぬ気配を感じて、風をくらって逃げ出し、今川義元のもとに身を寄せた。

一方織田彦五郎には切腹してもらい、信長は下四郡を手に入れることができた。

信長はかねてからの約束通り、織田信光に那古野城を与え、自らは清須城に入城した。

後に朝倉義景を始め多くの戦国大名たちが、足利義昭の要請する上洛に二の足を踏む中で、織田信長がいち早く先鞭をつけたのは、この時清須城への入城において大義名分の威力を知っていたからではあるまいか。

すなわち若武衛を擁して清須城に入城した時、信長は上洛の予行演習をしていたといえるのかもしれない。

そして、同年一一月信光は急死する。

尾張に目を向けている今川義元は弘治元年に、尾張海西郡蟹江城を襲った。

三河勢に先陣を命じたが、三河を独立させるため手柄を立てようと、三河衆は蟹江城を猛攻し落城させた。

この時大久保忠勝などは、蟹江七本槍として称えられた。

翌弘治二年には信長の弟信勝が、林佐渡守・美作守兄弟にそそのかされて、信長と不和になり、信長の領地である「篠木三郷」を横領するという事件が発生した。

信長は同年八月二二日に名塚に砦を築き、佐久間大学に守らせた。

信勝方の柴田権六（勝家）は千の兵を率いて稲生《いのう》に、林美作守は七百の兵を率いて南方の田の方に陣取った。

信長は七百足らずの兵を率いて、清須から出陣し、八月二四日午後〇時頃柴田軍に攻め掛かった。

激しい戦となったが、信長軍は山田治部左衛門・佐々孫介など屈強の者たちが討死し、信長本陣へ退却してきた。

まさに戦の潮目が変わり、こうした場合、負けを意識した方は雪崩《なだれ》を打ったように敗走し、勝者は怒涛のごとき進撃をするものである。

ところが、ここで日本の歴史上不思議なことが起こった。

信長は勝ち誇った柴田軍をにらみ付け、「**剛毅《ごうき》なる心より発せられた大音声《だいおんじょう》**」でもって、柴田軍を叱り飛ばしてしまった。その時の様子を「信長公記」では次のように表現している（「首巻比較表」一八番参照）。

「上総介信長大音声を上げ　御怒りなされ候を見申し　御内の者共に候間　御威光に恐れ立とどまり候て　終に逃れ崩れ候」

信長に叱られ、戦意を無くした柴田軍は崩れ去った。

信長はこの絶体絶命の窮地にあって、それをものともせず、信長の剛毅なる心は敵軍をにらみ付け、お前たちはこの信長に刃向かうことができるのか、と叱り付けるのです。

これは荊州の戦で、曹操に敗れて逃走中の主君劉備玄徳を救うため、長坂橋の上でただ一騎仁王立ちした猛将張飛翼徳が、眼を怒らせ、虎のような髯を逆立て、蛇矛をひっさげて、馬上から曹操百万の大軍を大喝して、震え上らせ退却させたという、「三国志演義」の名場面「長坂橋上の張飛」を彷彿《ほうふつ》とさせる。

そして信長軍は南へ向かい、林美作守の軍に攻め掛かり、信長は自ら美作守と戦い、林美作守をつき臥せ、その首を取り、御無念を散ぜられた（「首巻比較表」一九番参照）。

信長は母の懇願を入れて弟の信勝の命を助けたが、それだけでなく柴田権六、林佐渡守までをも許し、重臣として採用した。

しかしその後、再度謀反を企てた信勝を成敗し、お家騒動の目を摘んだのである。

永禄元年三月、尾張東北の春日井郡の品野城は、今川方である松平家次が三百の兵で守っていた。更に駿河から飯尾豊前守を始め四百余人が笠寺に籠っていた。

これに対し信長は品野城に付城を築き、春日井郡から今川氏の勢力を駆逐しようと狙っていたところ、今川勢は品野城から夜討を仕掛け、付城の大将竹村孫七を始め五十余人が討取られ、織田軍は敗れ去った。

その頃、小和田氏（桶狭間の戦い）によると、岩倉城主の織田信賢は弟信家と争ったため、家臣団も分裂していた。

そしてその信賢が美濃の斎藤義龍と結んで信長に対抗した。

信長は永禄元年七月一二日に、岩倉城の背後に当たる浮野に兵を進めた。

岩倉方は三千の兵を繰り出してきて、大激戦になったが、信長軍は千を超える敵の首を取り大勝利を収めた（「首巻比較表」四八番参照）。

そして翌永禄二年初春に、岩倉城に総攻撃を掛け、火矢・鉄砲を使って攻め立てて、ついに落城させた。信長は岩倉城を破却し、ここに尾張統一を成し遂げたのである。

このように信長は、家督相続から「桶狭間の合戦」までの九年間、毎年のように合戦に明け暮れる日々であった。

天文二三年の村木砦の戦、弘治元年蟹江城の戦、永禄元年品野城の戦など、今川軍との戦については、信長の動きを知っていたであろうが、今川義元はそれ以外の信長の戦い方をどの程度知っていたであろうか。

しかし少なくとも、信長は若いがすばしこい動きをする男だ、と義元は思っていたと推察する。油断できぬ相手だと思っていたからこそ、今川義元は沓掛城から鎌倉街道を通って、真っすぐ鳴海城に向かうという単純な作戦を採用せず、二万の大軍を率いてもなお、見晴らしの良い桶狭間山に布陣し、信長につけ入る隙を与えないで、その後大高城に入城して、大高城を尾張攻略の拠点として、鳴海城と連携して清須城を攻撃するという万全の策を採ろうとしたのであろう。

なお前述の名古屋市教育委員会の「調査報告書」によると、今川家は扇ヶ谷《おうぎがやつ》上杉家と婚姻を重ねた重縁の間柄であるという。

そして扇ヶ谷上杉家には「上杉定正の陣取り法」が伝えられ、陣取りすべからずの地として、山の麓・窪地・大河の端・森のきわ・うしろ切所（難所）の五ヶ所が明記されている。

名将今川義元が、この「上杉定正の陣取り法」を知らぬはずはなく、そのことからいっても、桶狭間の窪地に今川義元が陣を張る可能性は無い。

七、信長は戦うか

信長は「桶狭間の合戦」をどうとらえていたのであろうか。

私は天才信長は、「桶狭間の合戦」を予期していたと思う。

尾張きっての商品流通拠点である　港町津島を領していた織田弾正忠家に生まれ育った信長は、情報の重要性をよく知っていた。

作家濱田昭生氏（織田信長民姓国家実現への道）によると、信長は幼少の頃から毎日、那古野城の近くにあった天王坊で勉学に勤《いそ》しんでおり、天王坊の仏僧と戦争の善悪・衆生済度・国政のあり方・国家の有様などを問答していたに違いないという。

天王坊は「名古屋市史」によると、明治の廃仏毀釈により無くなったようであるが、当時は重要な寺であったと思われる。

「首巻比較表」の一番において、若き信長が天王坊によく参詣していたことが記述されているが、中川太古氏（信長公記・現代語訳）は、天王坊という寺に通って学問をしたと解釈している。

また「首巻比較表」十番に記してあるとおり、自分を頼ってきた尾張守護家の若武衛を天王坊に匿《かくま》っている。

さて今川義元は上洛に際して、尾張を侵略しようとしていたのであるが、そのことを津島・天王坊を始めいろんなところから集められた情報により、天才信長は察知していたに違いない。

その時どう対処するか。少年時代から今川義元にどう対処するかは、信長にとって最大の懸案事項だったはずである。

信長が満十三歳の時、すなわち天文十七年三月に、父信秀は今川義元と「小豆坂の戦」で三河の領有を巡って争い、敗れている。

翌天文十八年には、「安祥城の戦」で信長の長兄織田信広は今川軍に捕えられ、織田家の人質になっていた松平竹千代（後の徳川家康）と交換させられている。

織田・今川の争いが局地戦にとどまらず、徐々に収拾がつかない局面に向かっていたのであるが、そのことを信長は予感していたに違いない。

天才信長は近い将来、今川義元が全力を挙げて尾張に攻め寄せてくることを予測していたと思う。

それは今川義元が攻めてくる確率が高いというレベルではなく、近い将来起こる事実であると認識していたのではないか。

その時、どういう状況に陥るのか。

また義元がどの程度の軍勢を率いて攻めてくるのかを、信長はおおよそ分かっていた。

そしてその時、自分の下に集結する軍勢は、どれほどであるのか。

そしてそれはいつ頃であるのか、天才信長はそれらをほぼ正確に予測していたと思う。

その時、信長の取り得る道は二つしかなかった。

降伏するか、戦うか。

降伏するなら早い方が、生き延びる可能性が高いが、信長は降伏したくなかった。

戦いたかった。二〇％いや一五％ないしは一〇％でも勝つ可能性があるのなら、命を賭けて戦いたかった。

しかし戦って勝つ可能性があるのか。

勝つ可能性が全く無い場合、信長は戦うであろうか。

信長は理想主義者ではあるが、現実主義者でもある。

「勝つ可能性が全く無く、負ければ己は死ぬという時でも戦う」

という破れかぶれの戦い方を信長はしない、と私は思う。

信長があまりにも鮮やかな勝利を収めたので、信長は初めから戦うことしか考えていなかった、とみられているが、果たしてそうだろうか。

「桶狭間の合戦」は信長が仕掛けた戦である、という説まであるのである。

織田信長とは、どういう人間だったのだろうか。

小瀬甫庵の「信長記」を貞享二年（一六八五）に、遠山信春が注釈し著した「織田軍記」は、家老の平手政秀に対する次のような信長の一面を記録している。

「度々の諫言御用ひなき事、身の不肖之《ふしょうこれ》に過ぎず、これによって自害を致し候ものなり、あはれ某《それがし》が死を不憫《ふびん》にも思召《おぼしめ》されば、申上げ置きたるところ、一箇条にても御用ひにおいては、草

の陰にて、有難《ありがた》き仕合《しあわ》せに存じ奉るべき由《よし》

遺書に諫状を指し添え留めおきて、政秀即ち腹切って死去しけり、誠にこれ末代無双の忠臣とぞ聞こえし、

信長公大きに驚き思召して、御後悔斜めならず、しばしば愁涙を垂れ給いて、平手が諫状の趣を一々御信服あり、これより御心立行儀作法を改められ、日々真実の御たしなみなり、しかれども異相は未だやみ給わず、

その後信長公、平手が菩提のためにとて、一宇の寺を御建立あって、政秀寺と名付け、自身御参詣御焼香あり　略　又時々に平手が忠志を思召し出され、天下一統の後も、我かくのごとく国郡を切り取る事は、皆中務《なかつかさ》（平手政秀）が厚恩なり、と仰せられし事度々《たびたび》なり、

又鷹野に出で給い、河狩りをし給う時も、にわかに中務が事を思召し出されて、あるいは鷹の取りたる鳥を引きさきては、政秀これを食せよとて、虚空に向かって投げ給う、

あるいは河水を立ちながら御足にて蹴かけ給うて、平手これを飲めよ　とのたまい、双眼に御涙を浮かべ給う事多し」

「織田軍記」がどこまで真実を伝えているかは定かでないが、信長が政秀寺を建てていることは事実であり、家老の平手政秀の忠義に感謝し、

「政秀　鳥肉を食せよ、河水を飲めよ」

と、言ったことはあったのではないかと思われる。

また「常山紀談」には、次のような話が載っている。

「信長が畿内を打ち従えられし頃、近習の者ども　へつらいて、

『かく強大に及ばせ給う事を知らで、平手中務が自害しけるは短慮にて候』

と申しけるを、信長怒って色を変じ、

『われかく弓矢を取る事、皆中務が諫めて死にけるに恥じ、悔いて過ちを改めし故なり、古今に例《ためし》なき中務を短慮なりという汝等が志　無下に口惜しき事なり』

と、言われけり。

そして政秀寺の縁起に、政秀葬送の時、信長柩《ひつぎ》に手を懸けられたるよし　記せり」

政秀の柩にそっと手を懸けた信長、万感の思いを込めた様子がうかがわれる。


有名な「鳴かぬなら　殺してしまえ　ホトトギス」が、信長の人格を簡潔に表現しており、信長は気短な独裁者であったという評価が、現在一般的だと思う。

そうしたヒステリックな程　気短な信長像は、どうして作られたのか。これにはイエズス会の宣教師ルイス・フロイスの信長評が、大きく影響している。

彼はその著書「日本史」において、次のように述べている（「回想の織田信長」で京都外国語大学の松田毅一及び川崎桃太両教授が翻訳する）。

「信長はきわめて戦を好み、軍事的修練にいそしみ、名誉心に富み、正義において厳格であった。彼は自らに加えられた侮辱に対しては懲罰せずにはおかなかった。幾つかのことでは愛敬と慈愛を示し

た。彼の睡眠時間は短く早朝に起床した。

貪欲でなく、はなはだ決断を秘し、戦術にきわめて老練で、非常に性急であり、激昂はするが、平素はそうでもなかった。

彼はわずかしか、またはほとんど全く家臣の忠言に従わず、一同からきわめて畏敬されていた。酒を飲まず、食を節し、人の取扱いにはきわめて率直で、自らの見解に尊大であった。

彼は日本のすべての王侯を軽蔑し、下僚に対するように肩の上から彼らに話をした。そして人々は彼に絶対君主に対するように服従した」

こうしたフロイスの信長評価に対して、濱田昭生氏（織田信長民姓国家実現への道）は、次のように反論している。

「九州・大阪・京都・名古屋と、今日でも聞きづらい特徴ある言葉・方言・言い回し方など、例えば長崎育ちの通訳が初めて京都弁などを耳にして、それらを宣教師にポルトガル語で正確に伝えたのだろうか。

もし、信長の尾張なまりや言葉のアヤなども理解されず、正しく通じていないとすれば、それらを鵜呑みし　激論していること自体、今冷や汗ものではなかろうか」

まさに同感である。

例えば、信長が弟の勘十郎信勝を討った時の様子を「回想の織田信長」に記されているフロイスの「日本史」と「信長公記」で比べてみよう。

フロイスは「日本史」で次のように述べている。

「信長は好戦的で傲慢不遜であったから、兄が父の相続において自分に優先することが堪えられなかった。

そこで目的を果たすため病気を装って数日床につき、兄が見舞いに来ないと母親に訴えた。兄は欺瞞《ぎまん》を恐れてそうしなかったのであるが、彼の激しい督促によってついに訪問した。その際、彼は脈を見てもらうために左手を差し出し、兄がそれをとった時、彼は大いなる迅速さをもってすでに用意してあった短刀をつかみ、その場でただちに兄を殺した」

一方「信長公記」では次のように表現されている。

「上総介信長公の御舎弟勘十郎殿は、信長の御台所入（直轄領）篠木三郷が良い知行だったので、是を横領した。

そのため『稲生の戦』が起こり、信長が勝ったが、母の願いもあり弟の命を助けた。

その後信勝にないがしろにされた家臣の柴田勝家が無念に思って、信勝がまたも謀反を企てていると信長に知らせた。

信長は仮病を装って、弟が清須に見舞いに来た時、信勝を討ったのであるが、清須北矢蔵天主次の間で河尻青貝に命じて成敗した」

信長が病気を装って兄または弟を討ったことは同じだが、状況は随分違わないだろうか。

どちらが真実に近いか。「信長公記」に軍配を上げざるを得ない。

決してフロイスの「日本史」をけなしているわけではない。

日本に存在する文献もこのように内容の違いは当たり前のようにあるのである。フロイスのみが語る真実も多い。

フロイスに感謝するとともに、他の資料と見比べて真実を追求しなければならない。

人が人を正しく評価することは難しい。

これほど有名な織田信長でさえ、数百年の時の試練を経ていながら、なお誤解されているのかもしれない。

信長は決してフロイスの感じたように、日本のすべての王侯を軽蔑する、傲慢不遜のみの男ではない。戦いたくないという時、武田信玄や上杉謙信に対処したように、信長は恥も外聞もなく、己を殺して戦いを回避することのできる男なのである。

信玄に対しては、贈り物攻勢・婚姻政策を推し進めた。

甲陽軍鑑によると、音信に一度や二度は念を入れるとも、三度までは主人か親でなければできないことである。

二年に一度もこちらから連絡しないのに、一年に七度も使いをくれるとは、よほど信玄と縁者になりたいと思っているのであろう、と信玄に言わせている。

上杉謙信に対しても、同様に贈り物攻勢を行ったが、信長は謙信の重臣である直江大和守景綱宛の永禄七年十一月七日付の書状に、次のようなことを書いている。

「追って申し入れ候、そもそも御誓談の条々、忝《かたじけな》き次第に候、殊《こと》に御養子として愚息を召し置かるべきの旨、まことに面目の至りに候」

信長の子を養子（実質的には人質）にすることを、上杉謙信が承諾したことに対する礼状を信長が出しているのである。

更に「上杉家御年譜」にも
「十一月七日信長より重ねて飛札《ひさつ》（急ぎの手紙）到来す、これは信長と御誓約の上、信長の子息を越府に差置かるべきとなり、実は質人《しちびと》なり」

と、記録されている。

このことの実行はされなかったようであるが、こうしたやりとりがあったことは複数の文献から明らかである。

自分の息子を愚息と呼び、人質に出そうとしていたことは、あまり知られていないが、世に知れ渡った信長像と違う意外な一面といえないだろうか。

元亀元年四月に越前朝倉義景と戦った際、敦賀金ヶ崎まで攻め寄せ、あと一歩という時に、中立をまもると想定していた義弟の浅井長政が、朝倉義景と組んで信長を挟み撃ちにした。

不利を悟った信長はその時、金ヶ崎から家臣を置き去りにして撤退している。

作家の司馬遼太郎氏は、「街道を行く（湖西のみち）」で、信長を次のように評価している。

「信長はその時、惜しげもなく作戦のすべてをすてたのである。

その行動はまったくの蒸発であった。

身辺のわずかな者に言いのこし、供数人をつれて味方にもいわず、敦賀から逐電したのである。信長は中世をぶちやぶって、近世をまねきよせようとした。

時代を興す人間というのは、おのれ一己のかっこ悪さやよさなどという些事《さじ》に、あたまからかまっていないものであるらしい」

また同年九月に、三好三人衆に加えて本願寺との戦が始まり、更に浅井長政と朝倉義景が近江の坂本まで出陣して来た。

更に十一月には伊勢長嶋の一向一揆が蜂起し、弟の織田信興が攻め殺されるという状況になった時、信長は恥も外聞もなく、対立していた将軍足利義昭と正親町天皇にすがり付き、浅井・朝倉との和睦を成立させた。

信長はこのように世上《せじょう》言われているような傲慢な男ではなく、冷静に状況を分析し、己を殺し己のプライドを捨てることのできる男なのである。

「桶狭間の合戦」に際して、中国の呉越戦争における越《えつ》王勾践《こうせん》の真似を信長はできなかったであろうか。

同じようなことが信長にできなかったはずがない。

紀元前五世紀、呉王闔閭《こうりょ》は越との戦に敗れ、亡くなる前に太子の夫差《ふさ》を呼び、

「なんじの敵は越王勾践であることを忘れるな」

と遺言した。

夫差は無念の想いを忘れないために、堅い薪の上に臥《ふ》して雪辱を期した（臥薪《がしん》）。

兵を鍛え出陣した呉王夫差は、越軍を破り越王勾践を執拗《しつよう》に追跡した。

七千の兵で会稽山《かいけいざん》に立て籠もった越軍を、呉軍は大軍で十重二十重に取り囲んだ。

この時天を仰いで嘆声を放った勾践に、軍師范蠡《はんれい》は、尋常な条件では生き延びることは叶《かな》わぬが、駄目で元々、死ぬ気での降伏を勧めた。

「お許し頂けるなら、越の財宝・美女をことごとく差し出し、勾践自ら呉王夫差の奴隷となって仕え、王妃を妾として差し出しまする。

もしそれが叶えられないなら、財宝等は火の中に投げ入れ、七千の兵は全員死を賭《と》して戦って御覧に入れましょう」

と、必死に懇願した。

呉王夫差は、賢相伍子胥《ごししょ》の反対を押し切って、勾践の命を助けた。

勾践は苦い熊の肝を嘗《な》めて、己を殺し、プライドを捨て、越の国力増強にまい進した（嘗胆《しょうたん》）。

そして呉王夫差の油断を誘い、、呉を攻め滅ぼし、中国の春秋時代の覇者となった。

小さい可能性ながら、信長に勾践の道が無かったわけではない。

その時信長はどうしたか。

どうすれば勝機を見いだせるか。

信長は、死に物狂いで考えた。

いくつかシミュレーションを行なったであろう。

どこでどのように戦えば、どうなるか。

しかし彼我《ひが》の戦力が、違い過ぎる。

ひいき目にみても、勝算のめどが立たない。

頭が熱くなるまで考えても、名案が浮かばないが、一番効率的な方法は過去の合戦を検証することである。

寡兵でもって大軍を破った戦もないわけではない。

源義経の戦・木曽義仲の戦・平将門の戦・楠正成の戦・毛利元就の戦などで、参考になるものはないか。

必死で調べたに違いない。

そうすると、信長が今川義元との戦はこのような状況で行なわれるであろう、と想定しているのとそっくりな戦が、約三十年前に甲斐の国で起こっていた。

それは今川の重臣福島正成《くしままさなり》が一万五千の大軍を率いて、甲斐の国を攻め滅ぼそうとした時、武田信《のぶ》虎《とら》が二千の兵で迎え撃って戦った「甲斐の桶狭間の合戦」である。

その時、あまりの今川の大軍に恐れをなした甲斐の豪族たちは、甲斐守護職武田信虎の下に集まらず、武田信虎は譜代の家臣たち及び信虎直属軍からなる二千の兵で戦ったが、今川軍を打破り、敵の総大将福島正成まで討ち取るという奇跡的な大勝利を得たのである。

甲斐の国では、この合戦を「甲斐の桶狭間の合戦」と呼んでいる。

信長は、敵の大将一人討取れば、敵の兵が何倍いても組織的な動きができなくなり、兵たちは恐怖心にかられ、後は殺戮《さつりく》戦の様相を呈するだけであったことを実戦例として知った。

信長はこの「甲斐の桶狭間の合戦」を調べ分析した。

そしてうまくやれば、今川義元との戦に勝つ可能性がある。

二～三割は勝てると確信した。

そして信長は、今川義元との戦を決心したのではなかろうか。

信長が過去の合戦を調べていたことは、「信長公記」に記載されている。

「首巻比較表」十二番の村木砦を攻めた時の戦で、信長が水野信元を救援するために、嵐の中を船出するが、その時尻込みする船頭・水夫たちに次のように言って、命令している。

「昔（源義経が屋島へ出陣する時）、渡辺・福嶋にて逆櫓争う時の風もこれほどこそ候らめ。是非に御渡海あるべきの間、舟を出し候へ」

「源義経が屋島に出陣した時も、このような嵐だったのだろう。舟を出せ」と、信長は命令している。

信長が屋島の戦いのみ調べていたはずはなく、一の谷・壇ノ浦を始め、義経のすべての戦を調べていたであろう。

それは義経だけでなく、木曽義仲の戦・平将門の戦・楠正成の戦・毛利元就の戦なども調べていたことを連想させる。

そうした中で、信長は約三十年前に行なわれた「甲斐の桶狭間の合戦」に、気が付いたに違いない。

八、「桶狭間の合戦」の推移

「桶狭間の合戦」の前夜、松平元康（後の徳川家康）による大高城への兵糧入れが行われ、鷲津、丸根の砦からは今川軍の攻撃必至との連絡が入り、それを察知した家老たちは清須城に集まって軍議を開こうとした。

しかし信長は軍議を行わず、雑談に終始した。

呆れ果てた家老たちは、

「運の末には知恵の鏡も曇るとはこのことだ」

と、嘲笑して帰っていった。

そして小和田氏（桶狭間の戦い）によると、永禄三年五月一九日午前三時頃、松平勢の丸根砦攻撃が始まったという。

織田の部将佐久間大学盛重が四百の守備兵で守る丸根砦を、松平元康は千の兵で攻め立てた。

ほぼ同じ頃、織田の部将飯尾近江守が守る鷲津砦を今川の重臣朝比奈泰朝が攻撃する。

この知らせは、すぐさま清須城の織田信長のもとに届けられた。

この時信長は、

「人間五十年、下天《げてん》の内をくらぶれば、夢幻《ゆめまぼろし》のごとくなり、一度生を得て滅せぬ者のあるべきか」と、有名な敦盛の舞を舞ったが、小和田氏は強敵義元を前に何とか自分の心を落ち着かせようとしたことがうかがわれる、と述べている。

そして信長は鎧を着て、立ちながら食事をしてから、午前四時過ぎに出陣した。

その時、従う侍は数名の小姓ばかりであった。

熱田神宮に着き東を見れば、鷲津、丸根の砦から煙が上がり、砦が落とされたことが分かった。この時雑兵二百ばかり集まっていた。

この熱田神宮で戦勝祈願をしたが、小和田氏は清須から熱田まで一二キロの道のりを馬で一気に駆け抜けたように記されているが、四時過ぎに清須を飛び出したというものの、信長が熱田に到着したのは、「信長公記」に明記されているように辰の刻（午前八時）だから、約四時間掛けて一二キロを人が歩くより遅いスピードで、熱田に向かったのではないか、と推測している。

これは家臣たちに有無を言わせず出陣したものの、信長一人で戦えるわけではなく、兵がついてくるのを待ちながら、熱田に向かったというのである。

信長は次第に集まってくる兵を従えて、丹下砦を経由して善照寺砦に、恐らく午前一〇時頃到着したと思われる。

江戸時代に編纂された徳川家康の伝記「武徳編年集成」には、丹下砦の兵を皆引き連れ、善照寺砦には三千の兵が集結した、と記述されている。

善照寺砦から徒歩八分程西方にある鳴海城では、今川の猛将岡部元信が二千の兵を率いて善照寺砦をけん制していた。
ここで信長は、更に兵の集結を待つ。

砦公園

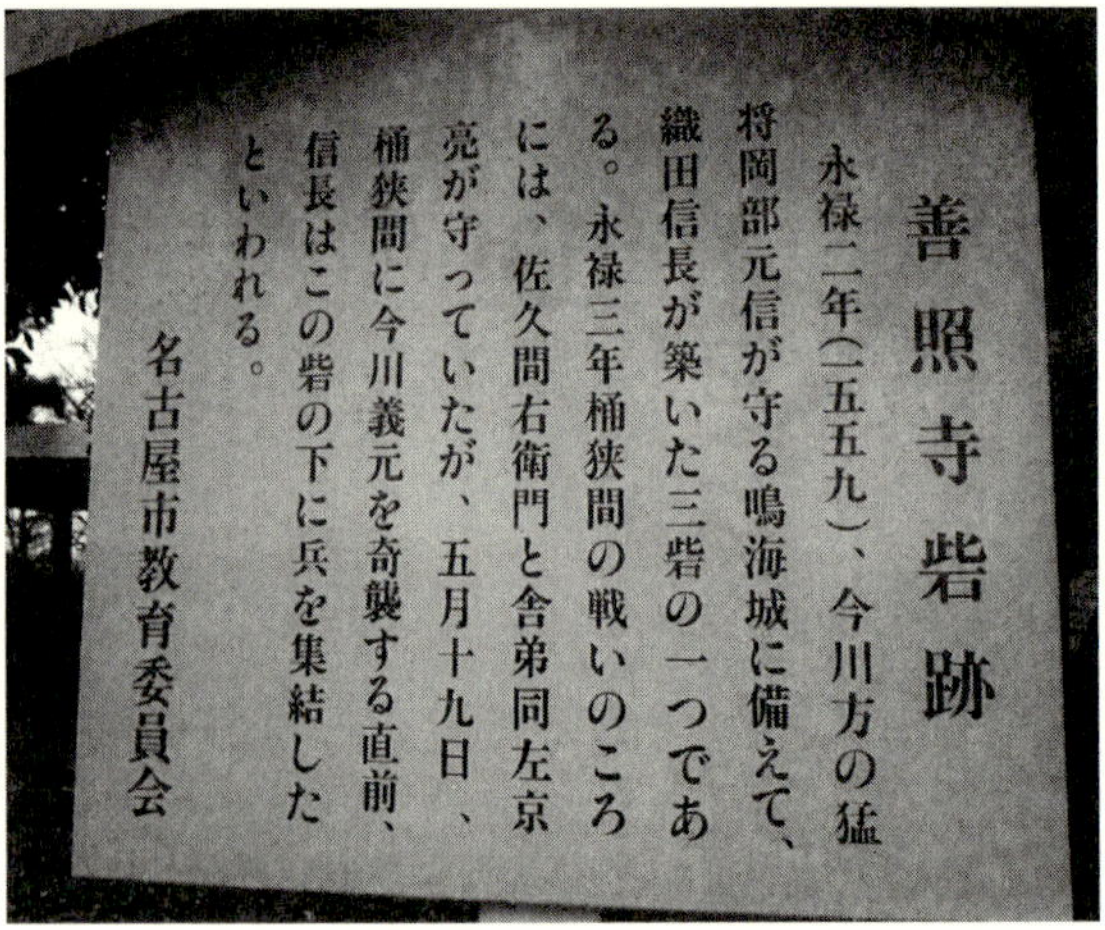
善照寺砦跡
永禄二年(一五五九)、今川方の猛将岡部元信が守る鳴海城に備えて、織田信長が築いた三砦の一つである。永禄三年桶狭間の戦いのころには、佐久間右衛門と舎弟同左京亮が守っていたが、五月十九日、桶狭間に今川義元を奇襲する直前、信長はこの砦の下に兵を集結したといわれる。
名古屋市教育委員会

善照寺砦は、今では砦公園として残され、数本生えている松が、昔の面影を少し残している。

地元の言い伝えによると、信長は善照寺砦に数多く生えていた松の中で、枝ぶりの良い松に腰掛けて、桶狭間山をにらみ付けていたという。

一方今川義元は朝に沓掛城を出発し、二万五千の大軍を率いて、大高城に向かっていたが、見晴らしの良い桶狭間山に陣取って、昼食を取ろうとしていた。

鳴海城跡

「信長公記　天理本」によると、次のように記載されている。

五月十九日午刻　戌亥に向て段々に人数を備
すなわち義元は五月一九日正午、北西に向かって本陣の下に段々の陣を敷いていたという（「首巻比較表」二九番参照）。

「伊東法師物語」にも、次のように本陣を守るために段々の陣を敷いていたとの記載がある。

義元陣所ハ最前《さいぜん》申上る如く　桶狭間よ里《り》左右に段々に陣取候
信長が善照寺砦に出てきたことに気付いて、中嶋砦にいた佐々隼人正と千秋四郎の二将が、三百の兵を率いて今川軍に突撃していくと、今川軍はどっと反撃してきて、佐々隼人正と千秋四郎を始めとして五〇騎ばかりは討死してしまった（五〇の騎馬武者と足軽兵を合わせた約三百人がほぼ全滅したようだ「首巻比較表」三〇番参照）。

これを見ていた信長は中嶋砦へ移ろうとしたが、林・平手・池田・長谷川・花井・蜂屋など家老・家臣たちは、

「中嶋砦へは深田で一騎ずつ進むしかなく、我が軍が小勢であることが桶狭間山の敵軍から丸見えで、中嶋砦へ移動するなどはとんでもないことです」

と、信長の馬のくつわに取り付いて、引き止《とど》めようとした（「首巻比較表」三一番参照）。

しかし信長はそれを振り切って中嶋砦へ進んだが、その時の軍勢は二千足らずであったという。

信長は更に桶狭間山に攻め上ろうとしたので、こんど家来たちは信長にすがり付き、抱き付いて押し止《とど》めようとした。「信長公記」によるとその時、

「各《おのおの》よく承り候へ　あの武者は宵に兵糧つかい夜もすがら参り　大高へ兵糧入れ　鷲津丸根両城にて手を砕き　辛労してくたびれたる武者也　こなたは新手《あらて》也　その上小軍にして大敵を怖《おそ》ることなかれ

『運は天に在り』この語は知らずや　(敵が)かからば引き　ひかば引付け是非において(敵を)ねり倒し追崩すことは案の内(想定内)也　一切分捕たるべからず。軍《いくさ》に勝ぬれば　この場へ乗たる者　家の面目末代の高名也　唯励むべし」

と、信長は珍しく長々と檄《げき》を飛ばした(「首巻比較表」三二番参照)。

「敵は夜もすがら活動して疲れているが、わが方は疲れていない新手である。怖れることはない。運は天にあるのだ。敵の首・刀など取らずに、一切打ち捨てよ。この戦に勝てば、家の面目も上がり、末代までの高名となるから、ただ励めよ」

と言って、檄を飛ばしたのである。

丁度その時、前田又左衛門利家以下十人弱の者が、手に手に敵の首を持って、信長の元に参上してきたので、彼らにも敵の首・刀・鎧など打ち捨てよ、と言い聞かせた(「首巻比較表」三三番参照)。

信長軍が桶狭間山の山際まで攻め寄せた時、一天にわかにかき曇り、大雨が石氷を投げ打つように、敵の顔に打ち付け、味方の背中に降り注ぎ、その激しさは**沓掛の峠の松の本**に二抱えも三抱えもある楠の大木が、雨のため**東に**降り倒されたほどであった(「首巻比較表」の三四番参照)。

その後空が晴れたのを見て信長は、

「すは、懸かれ懸かれ」

「信長公記　天理本」

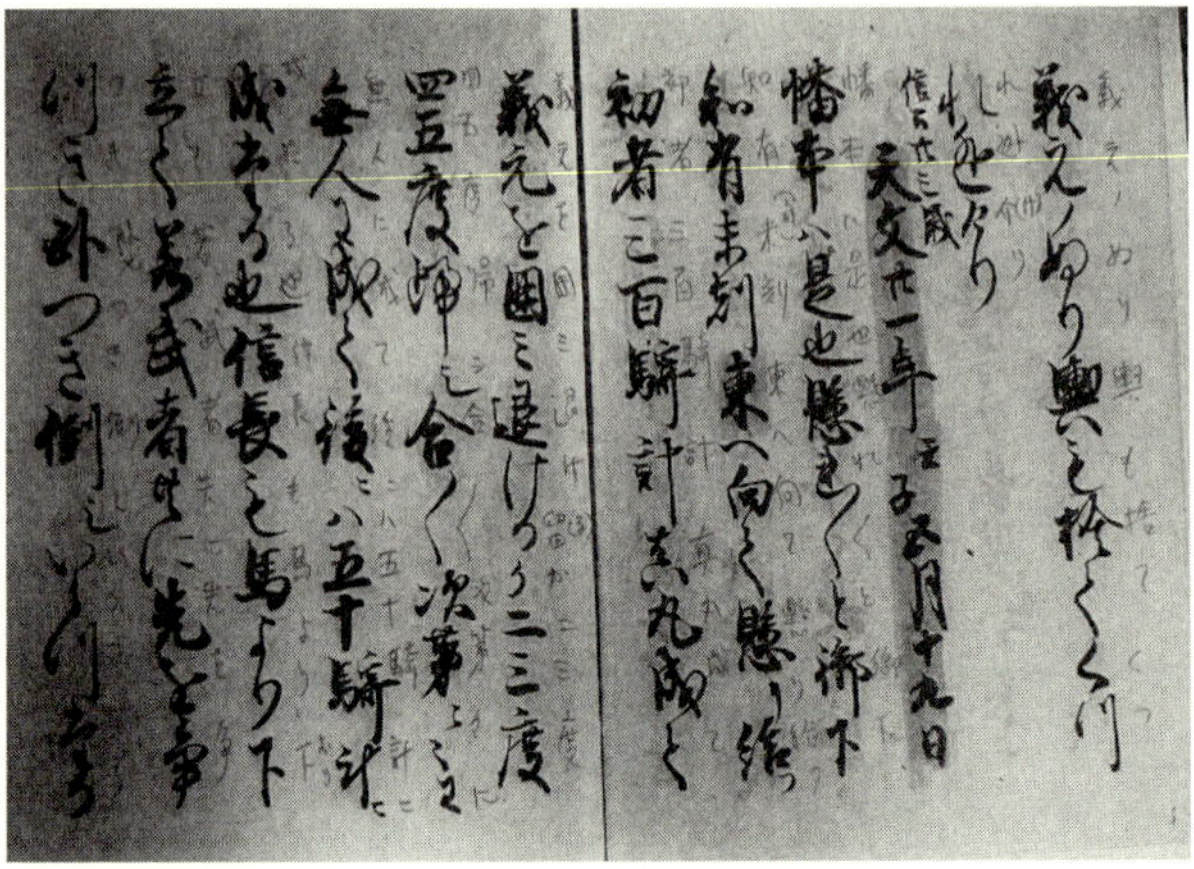

旗本はこれなり。懸れ懸れと御下知有り。
未刻東へ向て懸りたまう

「信長公記　尊経閣本」

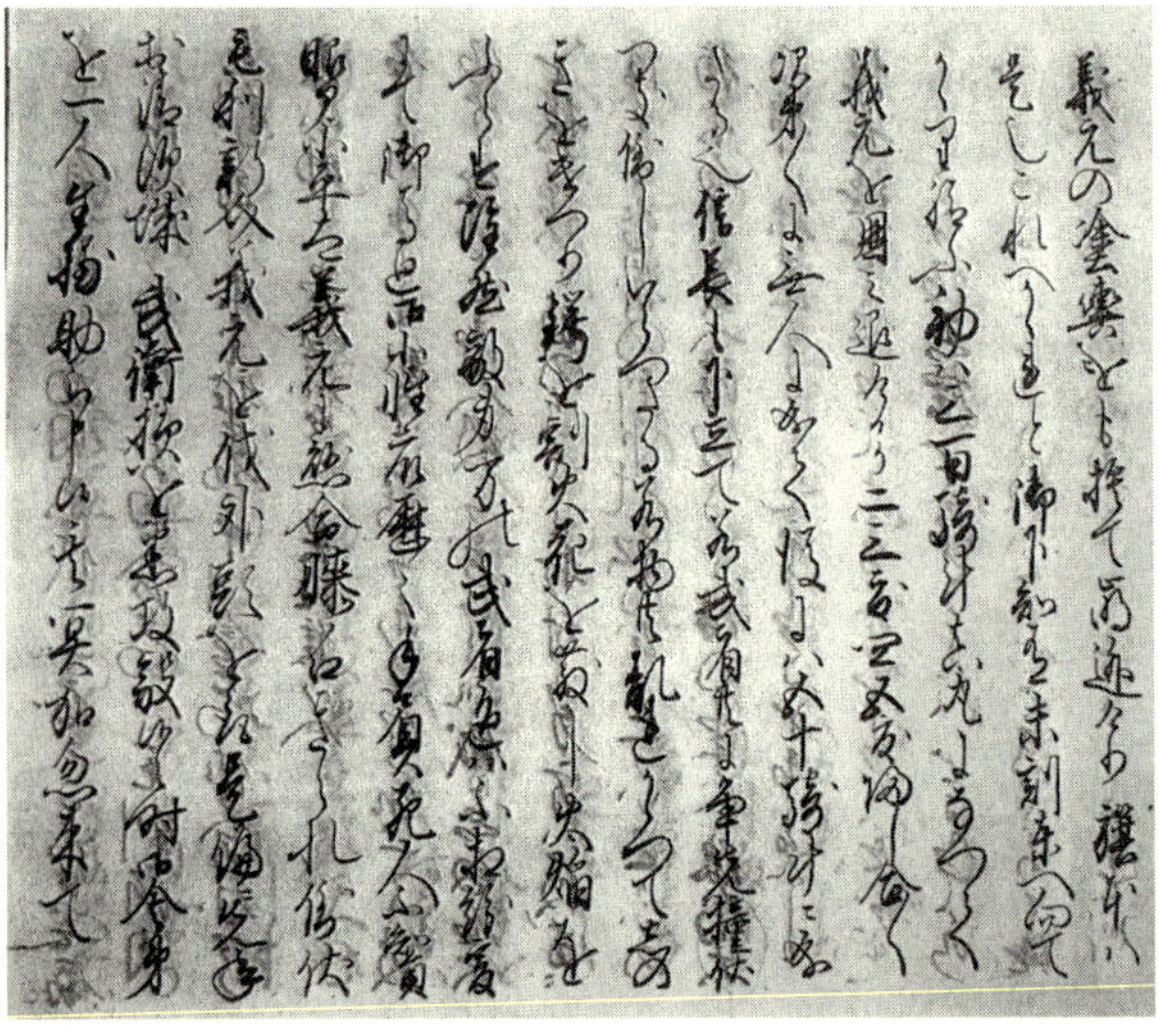

旗本はこれなり。これへ懸れと御下知あり。未刻東へ向てかかりたまう

と、大音声を上げて、兵たちを叱咤《しった》激励した。

信長軍の勢いに、義元本陣の下に配備されていた今川の段々の陣は崩され、信長が攻めて来るとは全く想定していなかった今川本陣は動揺し、退却し始めたが、信長はそれを見付け、

「旗本はこれなり。懸かれ懸かれ」

と下知して、未刻（午後二時）**東に**向かって攻め立てた（「首巻比較表」三七番参照）。

初め義元本陣の旗本は、三百ほど真ん丸になって義元を囲んで逃げていったが、二、三度そして四、五度と攻め合う内に次第に減って、しまいには五〇騎ばかりになった。

信長は馬から下りて、興奮した若者たちとともに、火花を散らして戦ったが、信長の直属軍の死傷者は数知れずという状況になった。

その時服部小藤太が義元に打ち掛かり、膝を切られ倒れ伏したが、毛利新介が義元を切り伏せその首を取った。

義元が討たれて戦意を無くした今川軍は、

「大将討たれて、残兵全《まった》からず」を絵に描いたような状況となり、信長軍の殺戮戦《さつりくせん》の対象になるだけであった。

「信長公記」天理本によると、敵の首数は三千五百余り有ったという（「首巻比較表」四〇番参照）。

また武田信虎の長女が、今川義元へ嫁入りする時の引き出物だった宗三左文字《そうさんさもじ》の名刀を振るって今川義元は奮戦したが、信長はその左文字を気に入り、

「永禄三年五月十九日義元討捕之刻　彼所持刀織田尾張守信長」

と、金象嵌《ぞうがん》を入れて記念とした（「首巻比較表」四二番参照）。

「織田軍記」（別名総見記）によると、信長は申の刻（午後四時）に勝どきを上げ、清須を目指して凱旋したとある。

信長は翌日首実検を済ませて、清須から熱田へ通じる美濃路に義元塚を築いてていねいに祭り、千部経を読経させ、大卒塔婆《そとば》を建立して、敵味方多くの戦死者の霊を供養した(「首巻比較表」四一番参照)。

信長を謀殺しようとした林美作守の首は、足で蹴飛ばした信長だが、敵とはいえ名将今川義元に対しては、礼を尽したのである。

桶狭間の地は有松と呼ばれるが、「有松桶狭間観光振興協議会」は地元の伝承「七ッ塚」を次のように紹介している。

「織田信長は義元を討ち取った後、直ちに全軍を釜ヶ谷に集めて勝どきを上げ、村人に命じて山裾に沿って等間隔に七つの穴を一列に掘らせて　大勢の戦死者を埋葬させた。

その内の二つが原形を残していました。里人は『七ッ塚』または石塚と称し、これを取り壊す者は『たたり』があり、命を失った者もいたそうです。

今は平成元年の区画整理に伴い塚を整理して塚の一つを残し、その一角に碑がたてられました」

一方曹源寺二世快翁龍喜和尚は、僧侶・村人とともに戦死者を「前後」の地「仙人塚」に葬り、「戦人塚」として歴代の住職が衆僧を率いて供養を続けてきた。

戦いの翌日五月二〇日に、清須城で論功行賞が行われたが、一番手柄は沓掛の近くの土豪簗田《やなだ》出羽守とされて、沓掛城が与えられた。

また「名古屋市緑区有松町桶狭間の古戦場」近くの長福寺では、今川義元の首実検が行われたというが、当時そのそばには小川が流れていた。

そして小川には桶狭間の合戦の後、鞍が流され、小川は人馬の血で真っ赤に染まっていた。村人たちは小川を「鞍流瀬川」と呼び、哀れな戦死者を阿弥陀如来様に託すために、この小さな川に橋を掛けた。そしてこの橋を「浄土橋」と名付けて、彼らが極楽浄土に行けますように祈った、という言い伝えが残っている。

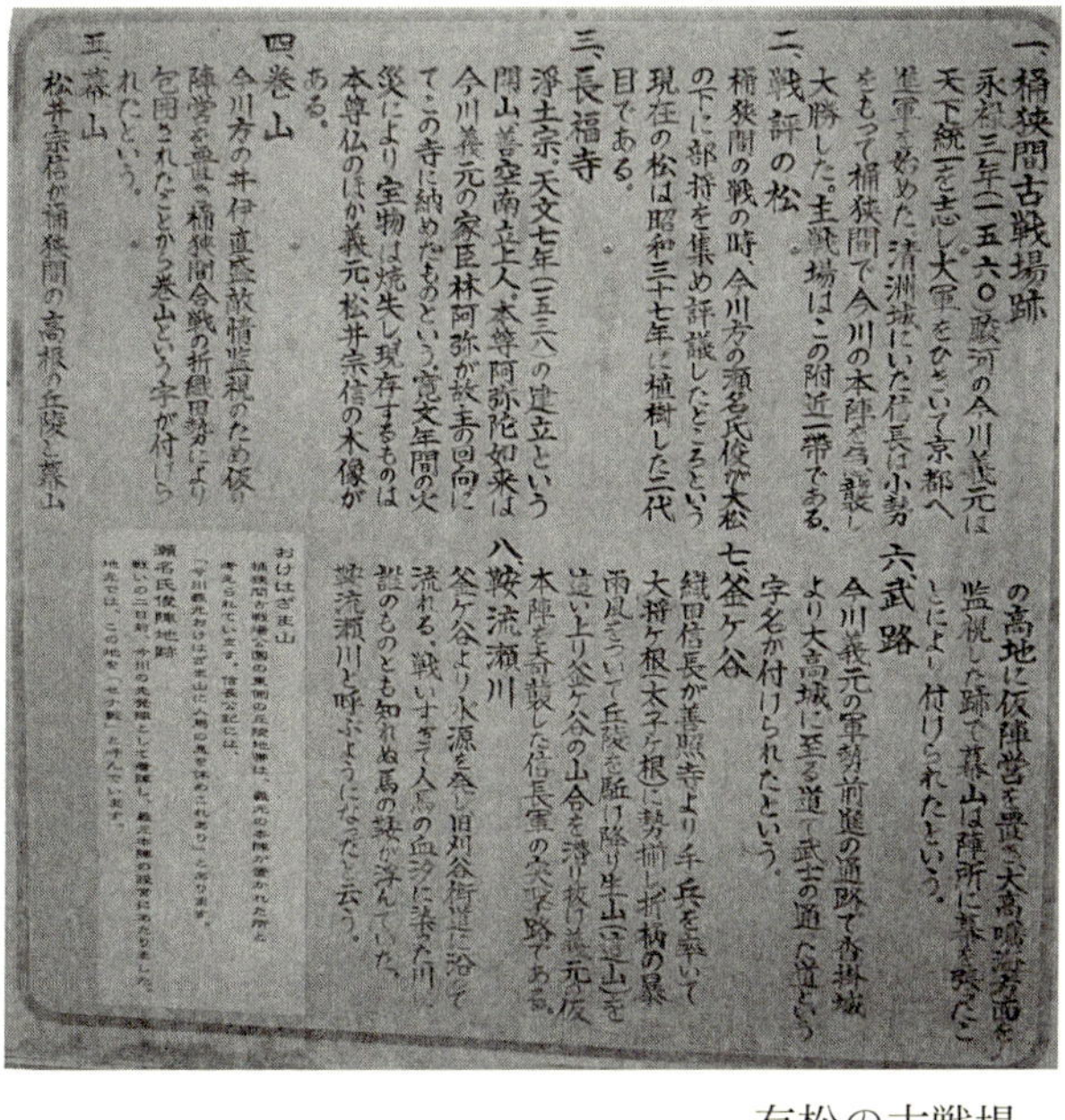

有松の古戦場

桶狭間古戦場由緒地跡
鞍流瀬川
浄土橋
和光山
長福寺

有松の古戦場にある長福寺と鞍流瀬川、浄土橋の碑

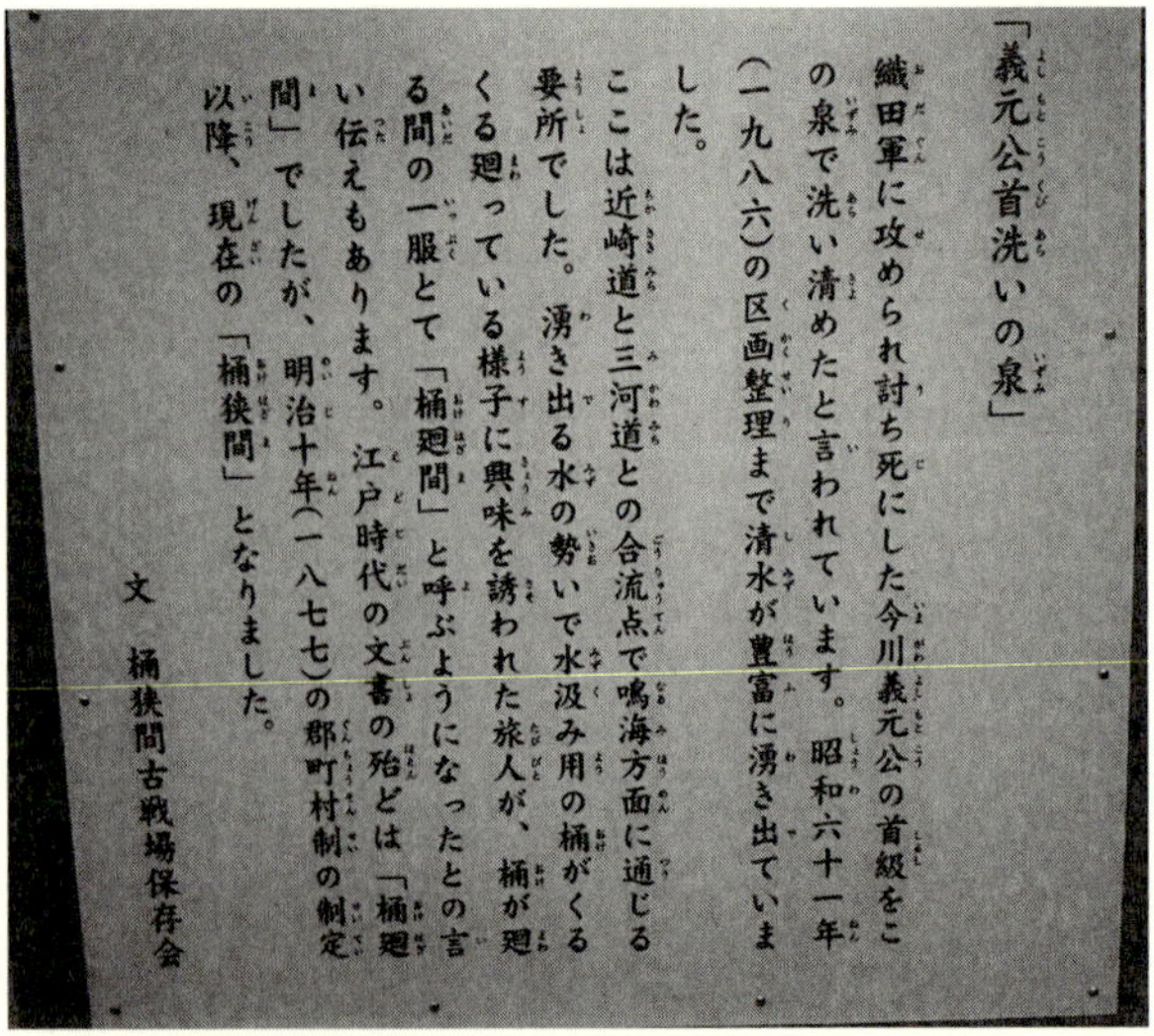
「義元公首洗いの泉」
織田軍に攻められ討ち死にした今川義元公の首級をこの泉で洗い清めたと言われています。昭和六十一年(一九八六)の区画整理まで清水が豊富に湧き出ていました。
ここは近崎道と三河道との合流点で鳴海方面に通じる要所でした。湧き出る水の勢いで水汲み用の桶がくるくる廻っている様子に興味を誘われた旅人が、桶が廻る間の一服とて「桶廻間」と呼ぶようになったとの言い伝えもあります。江戸時代の文書の殆どは「桶廻間」でしたが、明治十年(一八七七)の郡町村制の制定以降、現在の「桶狭間」となりました。
文 桶狭間古戦場保存会

桶狭間の地名の由来

扇川と手越川《てごえがわ》の合流地点。
この少し先が中嶋砦である。

九、「信長公記天理本」の「桶狭間の合戦」の記述

「信長公記天理本」に記述してある「桶狭間の合戦」前後の部分を現代語に訳すと、次のようになる。

五月一七日に今川義元は沓掛に参陣した。一八日夜に入り、（徳川家康は）織田の援軍の無いうちに大高城に兵糧を入れた。

今川軍は一九日朝の潮の干満を考えて、二カ所の砦（鷲津・丸根）を奪取すること必定との佐久間大学からの注進が、一八日の晩に信長公のもとにもたらされた。

その夜の軍議で戦術が話し合われた。

是非とも国境にて一戦交えるべきだ、今川義元を安全な所へ逃がしては、苦労のしがいがない、との信長公のご存念であった。

しかしご家老衆は、

「御敵は四万五千の大軍です。我が方は人数が不足しています。これほど良き名城（清須城）をお持ちなのですから、籠城して時機を待つのが良いのでは」

と、皆々申し上げたが、

信長公は、同意されなかった。

その時信長公は、次のように仰せられた、と伝え聞いている。

「安見右近《やすみうこん》という者は、以前に度々合戦すべきところを、支配していた城に籠城したので、人数が次第に減ってきて、結局無駄に死に果ててしまった、そうなるのは火を見るよりも明らかなことだ」

さて、盃が出てきて、能役者の宮福太夫が

「兵者《つわもの》の交わり頼み有り、合間の酒宴かな」

と謡《うた》い、信長公は御鼓を打たれ、その場は乱酒となったので、信長公は退出なされた。

五月一九日早朝に、佐久間大学・飯尾近江守から、早くも鷲津・丸根砦が攻められているとの注進があった。

この時、信長公は敦盛の舞を舞われた。

人間五十年、下天の内をくらぶれば、夢幻の如くなり。

一度生を得て滅せぬ者のあるべきか、

と謡《うた》われて、

「法螺貝《ほらがい》を吹け、具足をよこせ」

と鎧を着けて、立ちながら食事をして、兜をかぶって出陣された。

その時のお伴には、若衆岩室長門、長谷河橋介、佐脇藤八、山口飛騨、加藤弥三郎、これら主従六騎なり。

熱田まで三里を一時に駆けた。

辰刻（午前八時）に、熱田神宮の源太夫殿宮の前より東をご覧になると、鷲津・丸根砦が攻め落とされたらしく、煙が上がっていた。

この時、馬上の六騎に雑兵二百ばかりであった。

浜手から行けば近いけれども、潮が満ちて馬で駆けられないので、熱田上道を駆けに駆けて、先ず丹下砦に立ち寄り、それから佐久間右衛門・同弟左京助を置いていた善照寺砦へ向かった。そこで兵の集結を待ち、状況を確認した。


御敵今川義元人数四万五千にて、桶狭間山に。

五月十九日午刻（正午）、戌亥（北西）に向かって段々に人数を備えていた。

義元は、鷲津・丸根両砦を攻め落とし、満足これに過ぎずとて、謡《うたい》を三番うたわせられたそうである。

家康は、この度朱武者で先陣を務め、大高城へ兵糧を入れ、鷲津・丸根砦攻撃で手をやき、苦労したので、人馬を休め大高城に居陣した。

中嶋砦に居た佐々隼人正・千秋四郎の二人の部将は、信長が善照寺砦に来られたことに気が付いて、今川軍に対して山際まで攻め掛った。

今川義元は人数をどっと繰り出して、槍下にて佐々隼人正・千秋四郎を始めとして、三〇騎ばかりを討取った。

義元はこれを見て、

「義元が矛先には天魔鬼神もかなわないだろう。心地よし」

と喜んで、ゆるゆると謡をうたい、陣を据えていた。

一方信長もこれをご覧になって、中嶋砦へ移ろうと仰せられた。

家臣の林・平手・池田・長谷川・花井・蜂屋は、

「途中の道のそばは深田で、足を入れれば動きが取れなくなり、一騎打ちの道です。我らの軍勢の少ないことが敵から丸見えです。」

と、馬のくつわの引き手に取り付いて、口々に申したけれども、(信長公は)振り切って中嶋砦に御移りになった。

この時の軍勢は二千足らずであった。

熱田・山崎近辺から戦《いくさ》見物に来た者どもは、

「この戦、負けは確実だ。(とばっちりを食ったら、馬鹿らしいから)急いで帰れ」

と言って、帰ってしまった。

おかげで、いよいよ人数が少なくなってしまった。

信長公はまた中嶋砦から兵を出したので、今度は無理やり(家臣たちは信長公に)抱き付きすがり付いて、止めようとした。

その時、信長公の仰せになるには、

「おのおの、よく聞け。

あの今川の兵は宵に兵糧を使い、夜通し働いて、大高城に兵糧を運び入れ、鷲津・丸根両砦に手をやき、疲れてくたびれた者どもなるぞ。

我らは疲れていない新手である。

その上、小軍にして大敵を恐れることなかれ。

運は天に有り。このことを知らないか。

敵が掛ってきたら引き、引けば引き付け、是非とも練り倒し、追い崩すことは想定内である。

この戦では敵の首・武器・鎧など分捕りしてはならぬ。戦に勝てばこの場に参加した者、家の名誉は末代までの高名となるのだ。ただ励むべし」

こう仰せられている時に、前田又左衛門・木下雅楽介・中川金右衛門・毛利河内・毛利十郎・佐久間弥太郎これらの衆が、手に手に敵の首を取って参上してきた。

彼らにも右の趣旨を一々言って聞かせた。

山際まで近付いた時、にわかに大雨が石氷を投げ打つように、敵の顔に打ち付け、味方には後の方に降り掛かった。

沓掛の峠の二抱えも三抱えもある楠の大木が、雨で東に降り倒れた。

あまりのことに、熱田大明神の神軍《かみいくさ》かと言い合った。

信長公は、空が晴れたのをご覧になって、槍をおっ取りて大音声《だいおんじょう》を張り上げた。

「すは　掛れ掛れ」

と、仰せられた。

黒煙を立てて、攻め掛るのを見て、今川軍は水をまかれたように後ろへ
「くわっ」

と、崩れたり。

弓・槍・太刀・長刀・幟《のぼり》・指物《さしもの》の乱れ方はひどかった。

義元の塗り輿も捨てられて、今川軍は崩れるように逃げ回った。

天文二一年壬子（永禄三年の間違い）五月十九日
「旗本はこれなり。掛れ掛れ」

と、御下知有り。

未刻（午後二時）、**東に向かって**攻め掛る。

初めは三百騎ばかりが丸くなって、義元を囲み退いていたが、二〜三度、四〜五度と、攻め掛る内に、徐々に人数が減って、後には五〇騎ばかりになった。

信長も馬より下り立って、若武者とともに先を争って、敵を突き伏せ突き倒し、いらだつ若武者どもは乱れ掛って、しのぎを削り、鍔《つば》を割り、火花を散らし、火焔を降らす。

敵味方の武者は、旗指物の色で区別できた。

その時、信長公の馬回り歴々の衆のけが人、戦死者は数知れず。

服部小藤太は義元に掛り合い、膝の口を切られて倒れ伏した。毛利新介は義元を切り伏せて首を取った。

運の尽きた験《しるし》だろうか。桶狭間という所は狭間が入り組んで、深田に足を取られ、草木が高くあるいは低く茂った難所であることは限りがなかった。

深田に逃げ込んだ者が、はいずり回るのを若者どもは、追い付き追い付き、二つ三つ首を手に手に持って、（信長公の）御前へ持参した。

首はいずれも清須にて首実検と仰せられ、（信長公は）義元の首をご覧になって、満足の様子は限りなし。

出陣した道を通って、清須に帰陣した。

その時、河内の二の江の坊主とうぐいらの服部左京助は、義元と連携して、武者船を千艘ばかり繰り出し、海上は蜘蛛の子を散らすようであった。

そして大高の下、黒末川の河口まで乗り出したが、特別のこともなく引き返し、行きがけの駄賃に熱田の港に船を寄せて、遠浅の所から下り立って、町口へ火を掛けようとしたので、町人どもはどっと攻め掛かって、数十人を討取ったので、やむなく河内へ引き揚げた。

上総介信長公は御馬の先に義元の首をぶら下げ、急いで帰ったので、日暮までに清須に戻ることができた。

翌日首実検をすると、首の数は三千五百余りあった。

ところで、下方九郎左衛門と申す者が、義元の使っていた鞭・弓懸を所持していた同朋を生け捕って進上した。

近頃名誉なことだと褒美を与えて、信長公はご機嫌であった。

その同朋に義元の最後の様子を聞かれ、一つひとつの首に付き、誰のものか知っている名前を書き付けさせて、その同朋には金銀張りの太刀・脇差を下された。

一〇人の僧を仕立てて義元の首を同朋に預けて、駿河へ送り届けた。

清須から二〇町ばかり南の須ケ口という熱田への街道に、義元塚を築かれ、弔いのために千部経を読経させ、大卒塔婆を建立された。

このたび討取った時に、義元が普段差していた秘蔵の名誉の刀を召し上げて、何度も切るとよく切れるので、信長も普段差すことにした。

この義元との戦に勝ったという手柄は、申すまでもないことである。

さて鳴海城には岡部五郎兵衛が立てこもっていたが、降参したので一命を助けた。

大高城・沓掛城・池鯉鮒城・鳴原城も含め、五ヶ所の城は同じく城を明け渡した。

家康は岡崎城に入って御居城なり。

そして「信長公記天理本」には、次の話が続いている。
そもそも織田上総介信長公　この頃は、討ち死にされることを胸の奥に秘められていた。
舞を舞う時は敦盛、
小うたをうたう時は
死のふは一定　しのび草には何をしよぞの　一定かたりおこすよの
これをあそばし　別の小うたはあそばし候はず候
「これにつき　ものがたりあり」として、天沢長老と武田信玄の会話につながっていく。

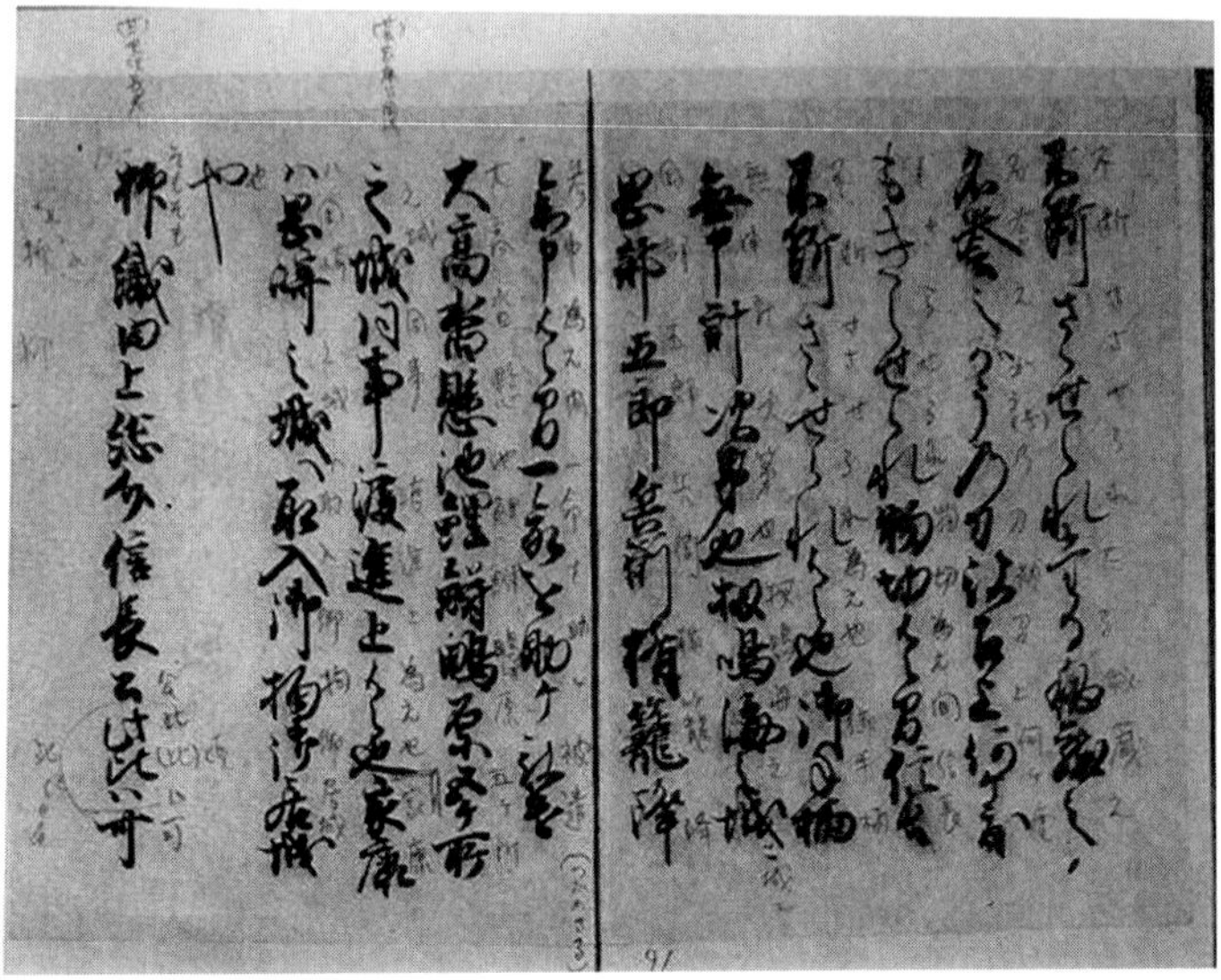

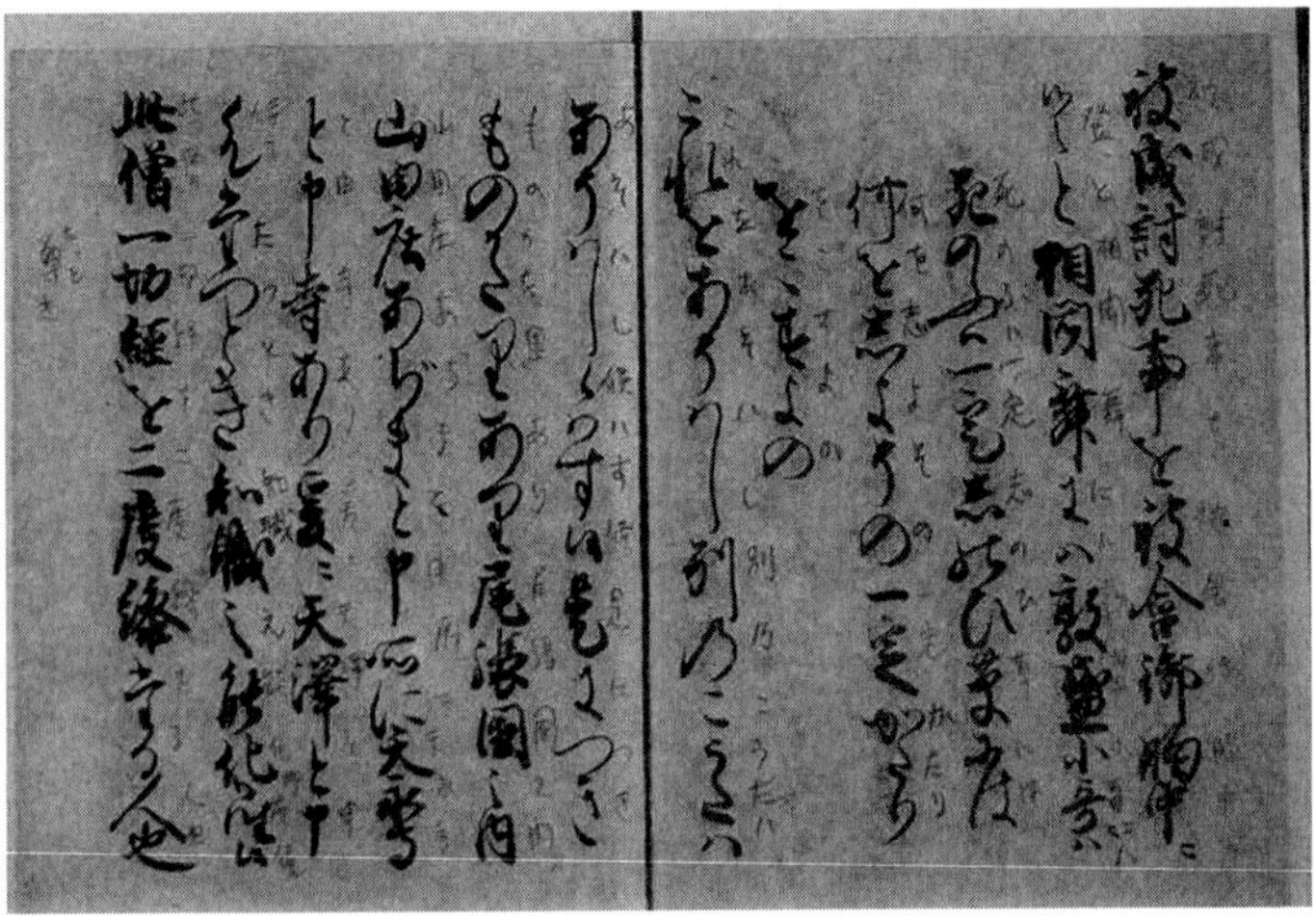

そもそも織田上総介信長公　この頃は討死されることを御胸中に登ると相聞こえ

十、「桶狭間の合戦」の謎

「桶狭間の合戦」は、おおむね　八「桶狭間の合戦」の推移で述べたように行われ、事実関係としてはこのようであったのだろうと、現在ほとんどの専門家は判断している。

しかしどのような戦いであったのかは、四五〇年経った今でも、その実態はよく分かっていない。江戸時代から今日まで何千、何万、ひょっとすると無名の歴史愛好家も含めると過去何十万という人が、「桶狭間の合戦」の謎に挑戦したのではなかろうか。

頭脳明晰な明治の帝国陸軍参謀本部の秀才も、翻弄《ほんろう》された「桶狭間の合戦」の謎に挑《いど》んでみたい。まずどのような謎があるのか整理してみる。

1. 桶狭間古戦場跡は二つあるが、どちらが本物か
2. 桶狭間山とは、どの山を指すのか
3. どうして「桶狭間の合戦」は起こったのか。今川義元は上洛を目指していたのか
4. 信長はただ単に中嶋砦から桶狭間山に攻め上っただけで、信長に戦略はなかったのか

5. 信長軍の兵力はどれほどだったのか
6. 沓掛の峠の楠の大木が、東に降り倒されたのを見たのは誰か
7. 今川義元が討ち取られた場所はどこか
8. 桶狭間山に、今川兵はどれほどいたのか
9. 信長が中嶋砦に到着した時、前田利家以下十名弱の者たちは、どこで戦って敵の首を持ってきたのか
10. 簗田出羽守の一番手柄とは、一体何か
11. 大軍を率いて、見晴らしの良い桶狭間山に陣取る名将今川義元に対して、二千足らずの兵で桶狭間山を攻め上った信長が勝つということが、現実にありうるのか
12. 「桶狭間山に攻め上れ」、という「死ね」というに等しい信長の命令に従った兵が、二千もいたというのはどういうことか

謎一の桶狭間古戦場について、

「名古屋市緑区有松町桶狭間の古戦場……以下**有松の古戦場**という」と、

「豊明市栄町の名鉄中京競馬場前駅のすぐ南の『桶狭間古戦場伝説地』といわれる古戦場……以下**豊明の古戦場**という」と、桶狭間古戦場は二つ有る。

昔から、どちらもそれぞれが本当の古戦場であると主張してきた。

いずれが正しいのか。

この解決を求める前に、次の謎二の桶狭間山はどこかについて考えてみよう。

現在有力な説は、二つの桶狭間古戦場の間にある丘陵地帯の「標高六四．七メートルの丘（ホシザキ電気工場敷地）」である。

これは「調査報告書」の作成に携わった小島広次氏が、昭和四一年に発表した「今川義元」の中で、次のように主張したのがその最初と思われる。

「江戸中期ごろに作成されたと推測される『桶狭間図』では標高六四．七メートルの丘を指しているようである。

この丘はこのあたり周辺最高の丘で、これより西の方丹下・善照寺砦まで見通すことができる。一応この山を桶狭間山としておこう」

小島氏の説に、小和田氏そして橋場氏が賛同している。

中嶋砦から二つの桶狭間古戦場の約四分の一の地点、即ち中嶋砦から徒歩一一分南の「漆山」が桶狭間山ではないかというのが第二の説で、これは藤本正行氏と城郭研究家の高田徹氏（桶狭間古戦場を歩く）などが主張している。

そして少数派として「有松の古戦場」の北西の有松町の「幕《まく》山」、同じく北方の「生山《はいやま》」があり、更に生山と六四．七メートル地点の間にある丘陵地の「名古屋短期大学敷地」など五つばかりの説が有る。

二つの古戦場について、小和田氏（今川義元）は、どちらも正しい古戦場だとする。

義元が討たれて殺戮戦《さつりくせん》の対象となった今川軍は、一番安全な場所である城に逃げようとして、朝出てきた沓掛城へ戻ろうとする人々と、これから向かおうとしていた大高城を目指したグループに分かれたのではないか。

今川軍が陣を敷いていた丘陵地帯から、東（沓掛城方面）に逃げた兵たちが多く討たれたのが「豊明の古戦場」となり、西（大高城方面）に逃げた兵たちが多く討たれたのが「有松の古戦場」になったのではないかという。

これは説得力のある説だと思う。

ここで位置関係を整理してみよう。

「桶狭間の合戦の位置関係」の図を参照下さい。

信長が兵の集結を待った善照寺砦から中嶋砦までは、下り坂で徒歩一一分。

中嶋砦から漆山まで徒歩一一分。

中嶋砦から六四．七メートル地点まで徒歩約五〇分。

当時この辺り一帯は小さな丘があり、その土は、その後伊勢湾の埋め立てに使われて、今では随分アップダウンが少なくなっている。

更に当時は道も整備されていなかったので、今より歩き難かったとしても、この徒歩時間は還暦を過ぎた私が普通に歩いた時間だから、戦国の武者たちはもっと早く駆けたであろう。

また当時は、かなりの数の松の木が生えていたと思われる。

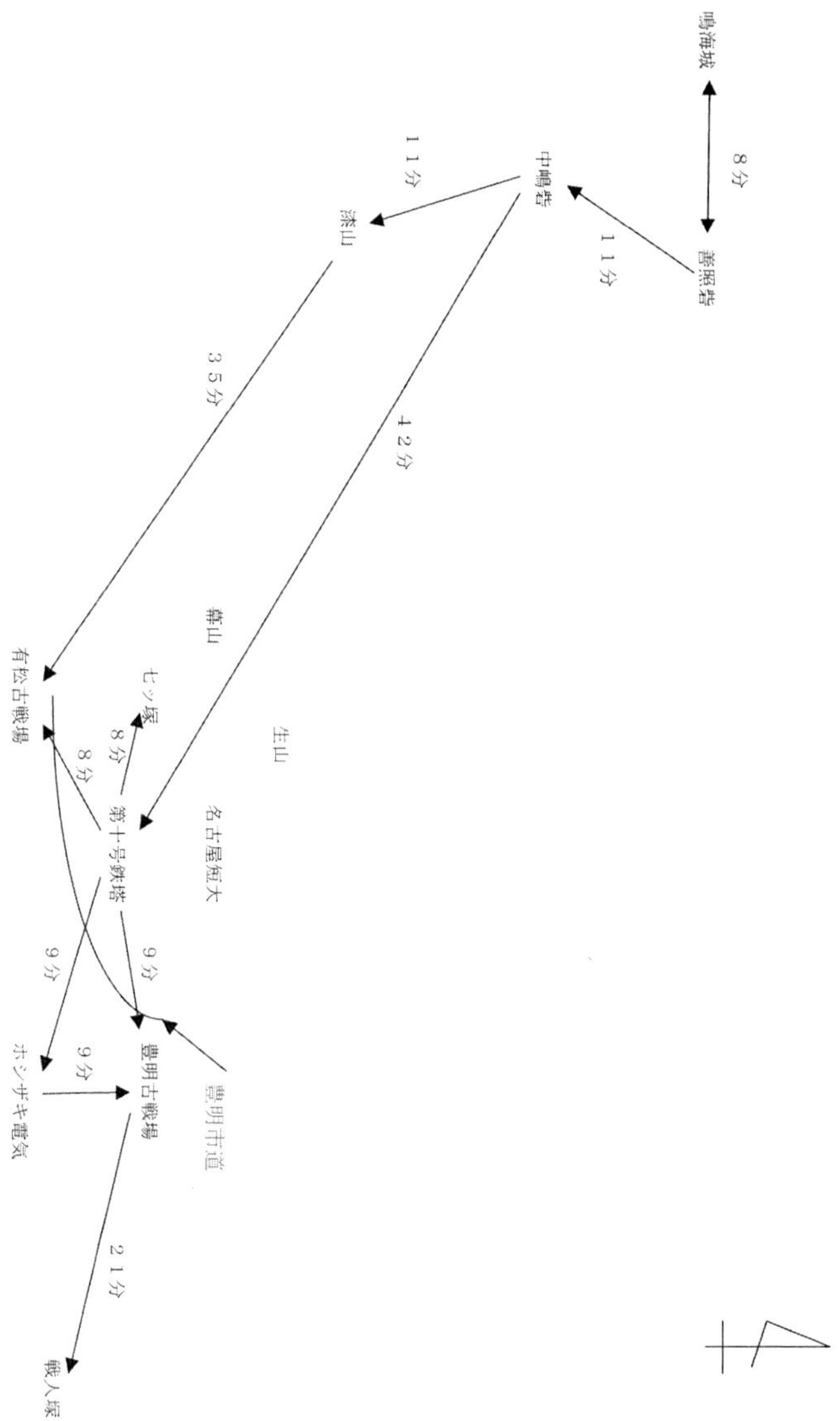
鳴海城
8分
善照砦
11分
中嶋砦
11分
漆山
35分
42分
幕山
生山
有松古戦場
セツ塚
8分
8分
第十号鉄塔
名古屋短大
9分
9分
ホシザキ電気
9分
豊明古戦場
豊明市道
21分
戦人塚

次に二つの桶狭間古戦場は、どういう位置関係にあるか。

「有松の古戦場」から北東に歩くと、なだらかな丘が続いている。

きれいに舗装された豊明市道の両側はぎっしり家が建ち並び、立派な住宅街になっているが、昔から住んでいる地元の人に聞くと、

「この市道は舗装される前、今から四〇年前は、雨が少しでも降ると、ひどくぬかるんで歩き難かった」、とのことで、当時家はほとんど建っていなかったそうである。

豊明市道の頂上辺りで左を見ると、北方への上り坂道が有り、少し上ると丘の頂上に「中部電力大高北刈谷線第十号鉄塔」が立っている。

ここは小高い丘で、その北側は急斜面で、下には愛知用水（当時は当然無いはず）が流れている。

更に愛知用水の北側が、名古屋短期大学のキャンパスである。

豊明市道の頂上から右側を見ると、広大な丘陵地帯で、一番高い所が問題のホシザキ電気工場敷地である。

頂上辺りからゆっくり下り坂となり、下って行って、平らになった地点の右側に「豊明の古戦場」がある。

「有松の古戦場」からこの「豊明の古戦場」まで、私の足で普通に歩いて一三分の距離である。

「漆山」から「有松の古戦場」まで三五分。

そこから「豊明の古戦場」まで一三分。

そこから多くの戦死者の遺体を葬った「前後」の「戦人塚」まで二一分。

第十号鉄塔

第十号鉄塔

第十号鉄塔への上り道

豊明市道周辺の住宅街
右正面奥に第十号鉄塔が見える

ホシザキ電気工場辺り

従って「漆山」から「戦人塚」まで一時間超の距離となり、「漆山」を桶狭間山とすると「戦人塚」まで遠過ぎる。

三千人の戦死者の遺体をかついで「戦人塚」まで、僧侶・村人たちにボランティアで運んでもらったのだが、あまりに遠過ぎると思われる。

この「前後」という地名の由来は、ほうび目当てに今川兵の首を争って取ったが、あまり沢山あるので持ち切れず、肩の前と後に首をぶら下げて運んだからだという説と、今川兵の首が前後いたる所に転がっていたためという説と二つある。

「七ッ塚」も二つの古戦場から近く、桶狭間山は二つの古戦場の間にある丘陵地帯だとする小島説は妥当である、と私は思う。

こう考えると、小和田氏の言う通り、「二つの桶狭間古戦場が存在する」という謎も説明できる。

次に謎三のなぜ「桶狭間の合戦」が起こったかであるが、たまたま遭遇戦で起こった戦いだとすると、たまたま偶然に信長が勝ったことになり、運悪くアクシデントで義元は負けたことになる。

それは今川義元の側からみても、織田信長の側からみても不自然である。

横浜国立大学の有光友学教授は、「今川義元—氏真の代替りについて」において、「桶狭間の合戦」の前年の永禄二年五月以前に、家督が氏真に譲られたことを明らかにした。

小和田氏（今川義元）は、「桶狭間の合戦」の前年永禄二年八月に、軍需物資の皮革をすぐそろえよと命じている大井掃部丞《かもんのじょう》宛の義元の文書により、大軍を動かす準備をしていたと主張する。

義元が家督を譲り後顧の憂いなき状態にして、自ら二万五千の大軍を率いて尾張に出張っていることからみても、鷲津・丸根砦の攻略などという局地戦であったとは思われない。

信長の側からは、「信長公記」の天理本に、信長がこの戦いに並々ならぬ決意を秘めていたことが記載されている。

「首巻比較表」の二五番に
「信長公この頃は　討死される事を御胸中に登ると相聞こえ」

とあるように、たまたまの小競り合いがこのような大合戦になったとは読めない。

信長はこの日のあることを予期していてついに来たかと覚悟し、おそらく自分は討死するだろうと予想した、と判断すべきであると思う。

上洛説については、「二、今川義元は上洛を目指したか」で述べたとおりである。

次に信長は迂回路をとって大将ヶ根にたどり着いたという説について、藤本氏（桶狭間・信長の奇襲神話は嘘だった）は、

「実際に現地に行き、織田軍が通ったとされる迂回路を歩いてみたが、今川軍に見つからず、時間どおりに目的地に達することができるとは考えられなかった。

中略　そうなると、義元の本陣に向けて移動中の織田軍が、今川軍に発見される可能性は高いし、ひとたび発見されれば、奇襲どころではない」、と述べている。

信長は迂回路をとったのではなく、「信長公記」に記述されているとおり、真っすぐ中嶋砦から桶狭間山に攻め上ったのである。

そして「桶狭間の合戦」の謎四の信長はただ単に中嶋砦から桶狭間山に攻め上っただけで、信長に

戦略はなかったのかと、謎五の信長軍の兵力はどれ位だったのかについて考えてみよう。

　実は善照寺砦で信長が兵を二手に分けたというのは諸書に載っている。

「上杉家御年譜」に、

「信長の言われるには　略　それ軍《いくさ》の利は不意を討つにはしかずぞ。進めや者共と勢《せい》を二つに引分けて、旗をしぼり、腰符を押隠し馬のくつわを紙にて巻き、馬の舌根を結ていいなきせず　士卒も枚《ばい》を含むがごとくにて、密かに桶狭間の山の後へ二手共に押し回る」

と、記されている。

　中年の時に「桶狭間の合戦」に遭遇したという孫三郎の記した「桶狭間合戦記」が、梶野家旧記録に残されている。そこには、

「柴田等の一手をここに残し、自ら二千足らずの兵を率い」、と記されている。

「三河後風土記」には、

「三千五百余人を引分けてかの両人（佐々隼人介正道・千種四郎兵衛吉文）にさづけ、其身は千五百余人を引率して」、と記述されている。

「三河後風土記」をもとに改撰された「改正三河後風土記」には、

「五千余騎を二手に分けて推し進む」、とある。

「松平記」には、

「善照寺の城より二手になり　一手は御先衆へ押し来り　一手は本陣のしかも油断したる所へ押し来り」、と記されている。

尾張藩初代藩主義直に仕え、智多郡大草五千石を領した山澄英竜の著した「桶狭間の合戦記」に、若干の考察を加えた山崎真人は「桶狭間の合戦記」に、

「同所（善照寺砦）にて二手に分け、一隊を残し置き、一隊は信長自身引率して義元の本陣へ打入り給う」、と記している。

「三河物語」には、信長が善照寺砦に現れた頃について、次のように書かれている。

「およそ　か様《よう》の処の長評定は、よき事はできせざる物にて候」

善照寺砦の信長軍に対する対応策を今川軍は協議したが、どうしてよいか分からず、信長の行動を理解できなかった様子が読み取れると思う。

橋場氏（新説桶狭間合戦）は、「首巻比較表」三四番の
「沓懸の到下（とうげ）の松の本に、二かい・三かいの楠の木、雨に東へ降倒るゝ」

に注目した。

信長軍が桶狭間山の山際にたどり着いた時、にわかに雷雨が降り注ぎ、沓懸のとうげでは楠の大木が東に降り倒されていた。

この部分は今まであまり注目されてこなかったが、よく考えてみると「誰が」という主語の部分が無い。

六番目の謎、沓掛の楠の大木が東に降り倒されるのを見たのは誰か。

今川軍であるはずがない。

これは善照寺砦から分かれた信長の別働隊ではないか。

四年前の稲生合戦の時でさえ、柴田勝家は千の兵を有していたのだから、信長軍が二千足らずというのは不自然である、と橋場氏は主張する。

信長軍はもっといたのではないか。

善照寺から沓掛へ通じる鎌倉街道には、当然今川の軍勢が道筋を押さえているはずだ。それを撃破できるだけの兵力でなければならない。

「信長公記天理本」をよくみると、信長軍の顔ぶれの中に、ただ一人だけ重要人物がいない。

柴田勝家だ。

橋場氏は、柴田勝家がこの鎌倉街道を進んだ別働隊の主将だったと推測している。

更に同氏はその説を発展させて「再考桶狭間合戦」において、中嶋砦から東進する信長軍と鎌倉街道からの柴田軍は、桶狭間山の今川義元を挟み撃ちにしたのではないか、と大胆な説を展開する。

作戦的には善照寺砦をにらむ鳴海城には猛将岡部元信がいるから、善照寺砦が空っぽになったことを悟られ、岡部に背後を突かれたら、それで「一巻の終わり」である。

善照寺砦には信長がいる、と岡部には思わせる必要がある。

信長軍が二千では足りないのである。

ここで帝国陸軍参謀本部の戦力分析を思い出してみよう。

信長は四千内外の兵を有すべきなり、という参謀本部の分析が正しいとするなら、柴田勝家が率いる別働隊の兵力は二千内外ということになる。

次に謎七の今川義元が討ち取られた場所はどこかを検証する。

現在、説は大きく分けて「有松の古戦場」と「豊明の古戦場」の二つである。

小和田氏（桶狭間の戦い）は、「続明良洪範」に義元が大高城に逃げようとしていたとあるので、「有松の古戦場」の方が有力だと主張しているが、信長は中嶋砦から東に向かって桶狭間山を攻め上っているのだから、義元が逃げるなら東方ではなかろうか。

「調査報告書」には次のようなことが書かれている。

明和八年一二月建立の「今川上総介義元戦死之所碑」（七石表）及び「桶峡弔古碑」などに、「豊明の古戦場」が義元戦死地点とされている。

更に寛永五年の道中記「関東下向道記」に、「豊明の古戦場伝説地」が、義元が果て給いし古墳なりと聞く、と記されている。

また「豊明の古戦場」は江戸時代、有松の桶狭間村の村民も義元のものと認めていた。長福寺の「年中行事」には、

「五月十九日。今川墓参り。　略　次に山上に松井の墓あり」、とある。

「豊明の古戦場」には、今川義元の墓（七石表一号碑）があり、豊明市道を隔てた高徳院の墓地に重臣松井宗信の墓（七石表二号碑）がある。

七石表とは、明和八年一二月に建てられた七基の石碑で、一号碑は今川義元の戦死した場所、二号碑は松井宗信の戦死した場所を示す。

そして高田氏（桶狭間古戦場を歩く）及び藤本氏（信長の奇襲神話は嘘だった）も、「豊明の古戦場」が義元戦死の地と考えている。

「豊明の古戦場」が義元の戦死の地であると考えてよいのではないか、と私は思う。

豊明の古戦場

弔古碑

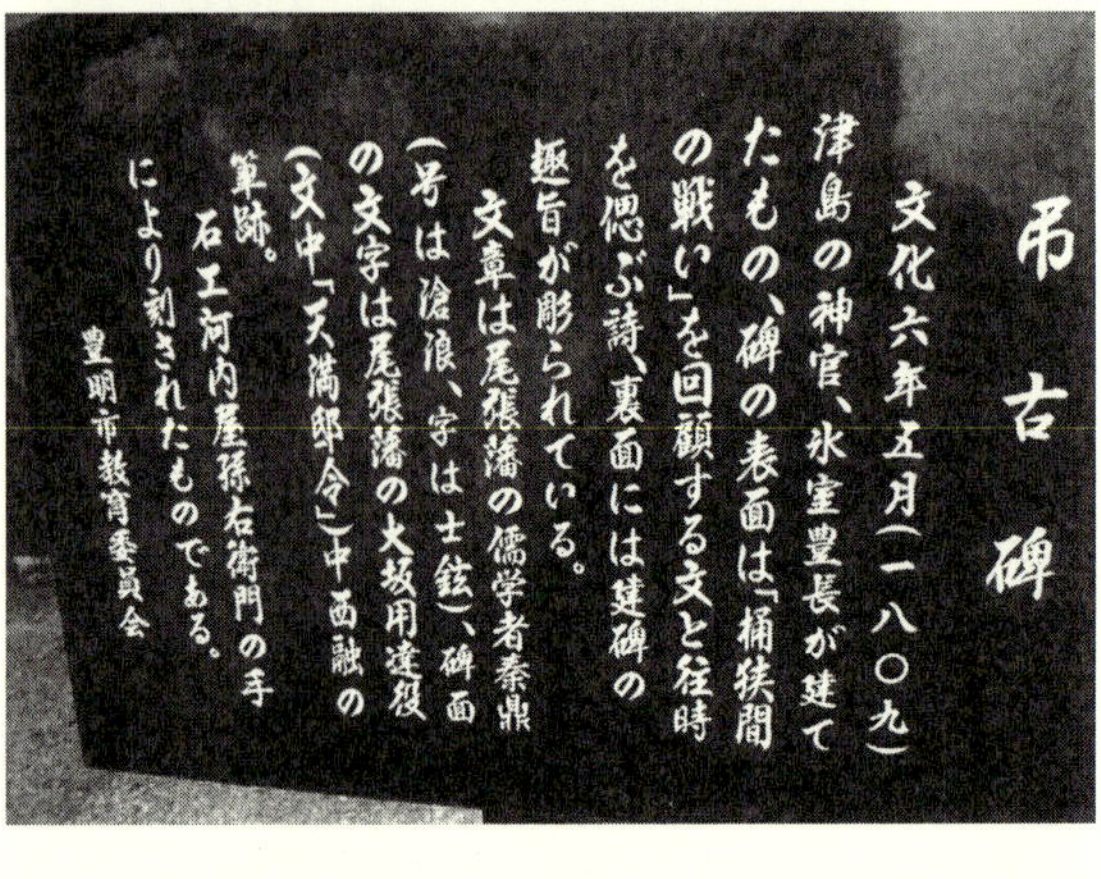
弔古碑
文化六年五月（一八〇九）
津島の神官、氷室豊長が建て
たもの、碑の表面は「桶狭間
の戦い」を回顧する文と往時
を偲ぶ詩、裏面には建碑の
趣旨が彫られている。
文章は尾張藩の儒学者秦鼎
（号は滄浪、字は士鉉）、碑面
の文字は尾張藩の大坂用達役
（文中「天満郎令」）中西融の
筆跡。
石工河内屋孫右衛門の手
により刻されたものである。
豊明市教育委員会

今川義元の墓（豊明の古戦場の中）

松井宗信の墓（高徳院の中）

謎八の桶狭間山に兵はどれ位いたのかというのは、二万を超える大軍を擁する今川義元が、どうして二千足らずの信長軍に首を取られたのか、という不思議さから導き出される疑問である。

この疑問に答えるために、過去多くの回答が用意された。

その第一は、今川の重臣たちが主力軍を率いて、桶狭間山には五千ほどしかいなかったという説である。

しかし沓掛城に千の兵を残し、鎌倉街道に千の兵を配備し、鳴海城の岡部が二千（今川義元出陣前からいた）、鷲津砦の朝比奈泰朝が二千、大高城の松平元康が千の兵で城を守っていたとしても、松井宗信、井伊直盛、三浦義就、庵原元政、葛山長嘉、関口氏経などの名だたる重臣たちも戦死しているのだから義元の近くに大軍がいたことになり、この説は成り立たない。

そしてその大軍は、どこにいたというのか。

戦を前にして、総大将を置き去りにして行くところなど有りはしない。

第二は、「甲陽軍鑑」の記述をもとに、緒戦の勝利に油断した今川軍が、近くの村々に乱取に散って、桶狭間山には兵が少なかったという説である。

しかし「有松町史」によれば、

「鳴海以東一帯は、丘陵の起伏している間に松林が生い茂り、人家も耕地もなく、街道は極めてものさびしい状態であった。

時々盗賊の類が出没し、旅人に危害を加えることさえあった。

そこで江戸時代尾張藩は、この付近に新しく部落を設ける必要を感じ、慶長一三年に一種の特典を与えて移住を奨励した。

有松の地名は、松が生い茂っているところからできた村だからという説と、新町《あらまち》が転じて有松《ありまつ》になったという説と二つあるが、いずれの説も有松の歴史と実態を表している」、という。

こうした状況にあった場所で、今川の大軍が乱取をしようと思っても、獲物がいないのである。従ってこれも成り立たない。

更に「松平記」には、近くの寺社方より酒肴が進上された、と記されている。

今川軍は酒宴を催していたという説もあるが、名将今川義元が戦を前にそんなことを許すはずもない。

しかし戦を前に、近くの寺社が自分たちの寺社を戦場にしないように願って、優勢な方に酒肴を進上するのは、ごく日常的に行われていたのであり、食事の時に多少飲む程度であったと思う。決して「酒盛り」をしていたわけではなく、第一大軍に振る舞うほどの酒が、寺社からもたらされたとは考えられない。

「老人雑話」に、今川軍は茶会を開いていたという説もあるが、これも現実的とは思われず、謎は迷宮入りとなるのだろうか。

次に謎九の信長が中嶋砦に到着した時、前田利家以下一〇名弱の者たちは、どこで戦った敵の首を持ってきたのかという謎について、橋場氏(再考桶狭間合戦)は、鎌倉街道を東進する柴田軍別働隊の中に前田利家以下の者たちがいて、鎌倉街道の扇川辺りで今川軍と戦って撃破し、今川兵の首を持って中嶋砦の信長のもとに駆けつけたとする。

この説は、かなり可能性が高いと思われる。

しかし善照寺砦から中嶋砦はすぐ近く（徒歩一一分）だから、善照寺砦から鎌倉街道を東進し今川軍と戦って、そこから中嶋砦まで駆けつけるというのは、時間的に少し無理があるように思われる。

信長が善照寺砦または中嶋砦で、かなり時間待ちしていればつじつまが合うが、どうだろうか。

信長は柴田勝家に鎌倉街道へ進撃させて、鳴海城の岡部元信の様子をうかがい、その後中嶋砦へ向かったのかもしれない。

謎一〇の簗田出羽守の一番手柄とは、一体何かについては、

「備前老人物語」に、「今川義元との戦の時、簗田出羽守よき一言を申し、信長公大利を得給い、其の場にて沓掛村三千貫の地を賜う」

と、記されているが、ただその良き一言だけで一番手柄とされたのだろうか。

あの信長が、意味もなく沓掛城を与えるはずがない。

またその良き一言とは、一体何か。

しかし謎の多い「桶狭間の合戦」の中で、最大の謎は、一一番目の「見晴らしの良い桶狭間山に、大軍で陣取る名将今川義元を二千足らずの兵で攻め上《のぼ》って信長が勝つ」、ということが現実にありうるのかということである。

実際勝っているのだから、あり得たのだとして納得できようか。

納得できないから、過去多くの人が苦労してその謎に挑戦したのである。

今川義元は愚将だった。

迂回路を取った信長軍は、今川軍に気取られなかった。

桶狭間の窪地に陣取っていた今川軍は、信長軍に大将ヶ根から攻め下られた。

桶狭間山に、今川軍の兵はあまりいなかった。

今川軍は酒盛りをしていた。

今川義元は茶会を開いていた。


しかしこれらのいろんな説明は、すべて否定された。

ではどういう納得できる説明が他にあるというのか。もう一度、分かったことまたは確率が高いことを整理してみよう。


まず今川義元は名将で、「上杉定正の陣取り法」を会得していた。

今川義元は上洛を目指していて、信長はそのことを事前に察知していた。そしてその日のために前もって対策を立て、準備をしていた。

桶狭間山は、二つの古戦場の間にある丘陵地帯である。

信長は善照寺砦で、兵を二手に分けた。

信長は二千足らずの兵を率いて、中嶋砦から真っすぐ桶狭間山に攻め上った。

桶狭間山には、二万の大軍が陣を敷いていた。

義元戦死の地は、「豊明の古戦場伝説地」である。

そして私が「桶狭間の合戦」の第二の謎と思うのは、謎一二の「桶狭間山に攻め上れ」、という「死ね」というに等しい信長の命令に従った兵が二千もいた、という点である。

今川義元は「海道一の弓取り」と言われ、既に名将の誉れが高く、織田方から今川方へ寝返る豪族が現れている状況での、この「桶狭間山に攻め上れ」という命令は、容易なことでは従えない。

信長が朝、単騎で清須城を飛び出したのは、出陣の命令を出しても家臣たちが籠城を主張したりして、出陣を思い止まらせ、自分に付いて来ないことを心配したためではないか。

強敵が現実に目の前にいる桶狭間山を攻めよというのは、それより更に過酷な命令である。

この一一と一二の二つの謎を解く鍵が「甲斐の桶狭間の合戦」である。

十一、武田信虎と甲斐の桶狭間の合戦

武田信虎は信長に先立つこと四〇年前の明応三年虎年の正月六日に、甲斐守護職武田信縄《のぶつな》の嫡男《ちゃくなん》として生まれた。

信虎はお家騒動による内乱の最中《さいちゅう》に生まれただけでなく、北条氏、今川氏及び信濃勢などの隣国から、常に侵略される対象であった弱小国甲斐の国に生まれた　戦国時代の落とし子であった。

応仁二年、文明四年及び文明九年に、信濃勢は甲斐に攻め入った。

明応元年には、今川氏親が甲斐へ乱入してきた。

明応四年及び文亀元年には、北条早雲が甲斐に侵攻する。

という激しさである。

戦国時代初期において、甲斐の国は有力な豪族が割拠していたため、国としてのまとまりがなく、絶えず隣国からの攻撃にさらされていた。

その甲斐の国をまとめたのが武田信虎である。

息子の名将武田信玄により甲斐の国を追われたため、武田信虎はあまり知られていない、かつあまり人気のない戦国武将だが、客観的にその実績を調べてみると、素晴らしいものがあり、私は北条早雲、斎藤道三、毛利元就に匹敵する人物だと思う。

満一三才で武田家の家督を継いだ武田信虎は、翌年叔父油川信恵《あぶらかわのぶよし》を討ち、名実ともに武田家の総領となったが、甲斐の豪族たちの相次ぐ反乱に悩まされることになる。

しかし隣国から度々侵略された弱小国甲斐を強くするため、信虎は豪族の家臣化を進め、更に諸国の武芸者などを採用して、信虎直属軍の創設に取り組んだ。

遠江《とおとおみ》出身の牢人小幡日浄《おばたにちじょう》とその子虎盛、関東八平氏の一門だが里見との戦いで敗れたため、牢人となっていた下総《しもふさ》出身の原友胤《ともたね》・虎胤《とらたね》親子、近江出身の横田高松《たかとし》及び美濃出身の多田三八などが有名であるが、信虎は更に甲斐の領民から足軽を募って、腕っ節の強い者を選抜し直属軍を編成し、相次ぐ豪族たちの反乱を鎮めた。

武田館のあった石和《いさわ》は笛吹川と重川《おも》の合流点の下流にあり、古《いにしえ》より洪水の多発地帯であったことも考慮して、信虎は甲斐統一のために、石和から少し西方の藤川と相川に挟まれた相川扇状地に目を付けた。

この扇状地の外側は山が連なり、北側は谷になって自然の要害で、南はなだらかな丘陵となっていたので、信虎はこの地に武田館（つつじヶ崎館と呼ばれる）を移すことにした。

この地は甲斐の国の新府中として、甲府と呼ばれることになる。

京のような町を作りたいと思っていた信虎は、甲府の町を枡目状に区切り、大泉寺小路、穴山小路、一条小路、広小路などと名付けて、町作りを行なった。

更に武田氏の館だけでなく、豪族たちの館・寺・商家も移し、甲府城下町政策を実行した。

しかし自立心の強い豪族たちは怒った。

甲府城下町政策は、甲斐の豪族たちの既得権を侵害するものであり、甲府城下町に豪族たちの屋敷を構えることは、家族を人質に取られることも意味していたので、その怒りかたも激しかった。

一方自立心の強い豪族たちの被官化を推し進め、貧しい甲斐の国を一刻も早く統一国家にしなければ、甲斐の国の将来は無いと考えていた信虎は、妥協をする気は全く無かった。

既得権を維持しようと画策した豪族たちは、永正一七年五月にその不満を暴発させ、栗原信友、大井信業、今井信是といった甲斐の国の有力豪族たちは反乱を起こし、甲斐の国を二分する大乱となった。

この時信虎は、板垣信方・楠浦昌勝・曽根昌長・下曽根出羽守などの譜代の家臣及び信虎直属軍の活躍により、甲斐の国の内乱を鎮めたが、「勝山記」ではこの時活躍した信虎直属軍のことを「**上意の足衆**」と表現している。

この「勝山記」は、山梨県の日蓮宗の僧が何代かにわたって書き継いだものを筆写したものといわれているが、内容の正確さにおいて一級品であると評価されている。

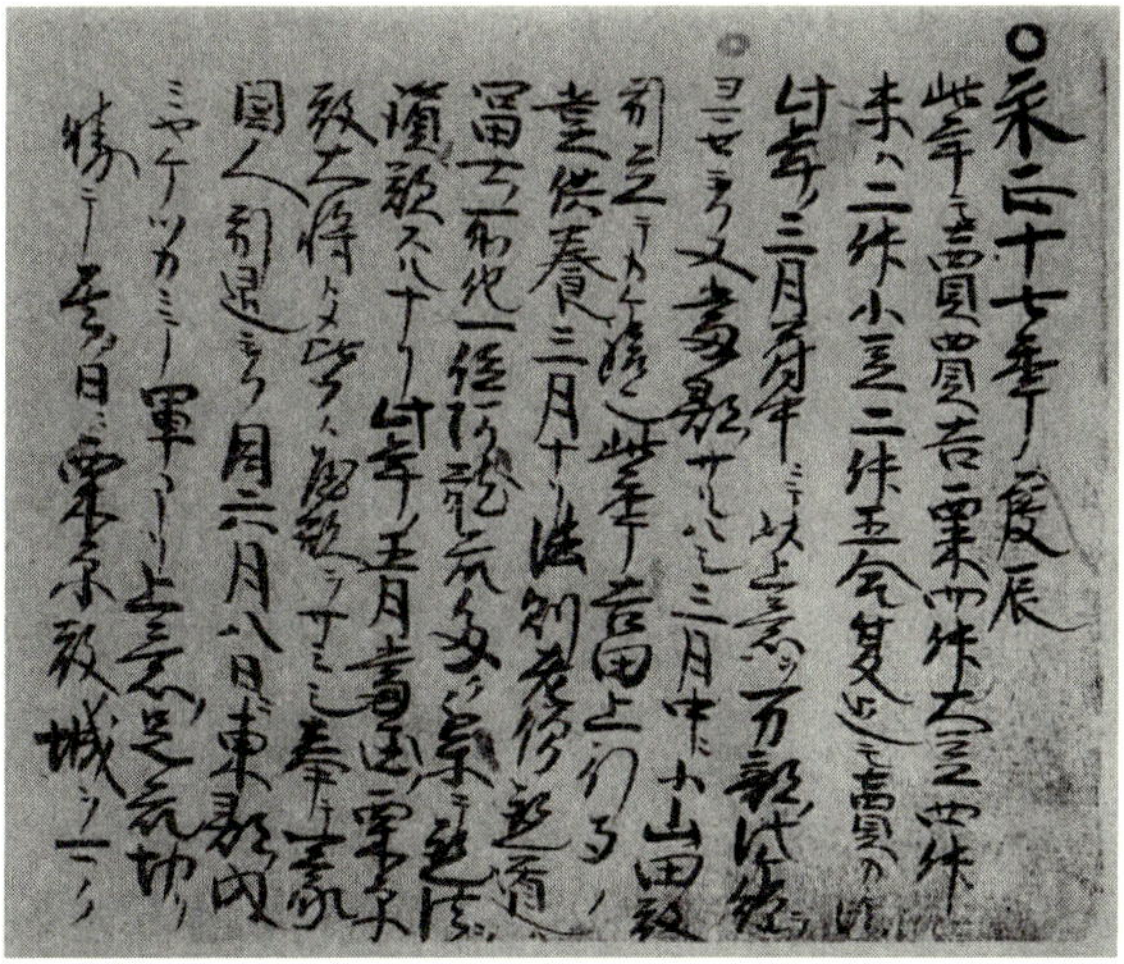

上意の足衆切り勝て
「勝山記」国立国会図書館所蔵

そして信虎は八日市場及び三日市場を作り、商業の発展に寄与し、更に金山の開発にも注力した。

「王代記」に、信虎以前の明応七年に金山が崩れたという記述があり、信州大学教授の笹本正治氏（戦国大名武田氏の研究）は、信虎時代の金山について諸説を紹介している。

そして信虎は、武田家を守護大名から戦国大名に変身させて、信玄にバトンタッチするのである。

そうした信虎最大の苦難は、甲府城下町政策を実現して、ようやく甲斐の国を統一したと思ったのもつかの間、今川の重臣福島正成《くしままさなり》率いる一万五千の今川の大軍に攻められた「甲斐の桶狭間の合戦」である。

甲斐の国存亡の危機にも関わらず、あまりの今川の大軍に恐れをなした甲斐の豪族たちは味方せず、信虎の下には譜代の家臣たち及び信虎直属軍からなる二千の兵しか集まらなかった。

「甲斐の桶狭間の合戦」の約二年後の大永四年二月に、

「信虎は一万八千人を率いて猿橋に着陣し、奥三方へ侵攻し矢戦した」

と、「勝山記」の記録にあるが、甲斐の豪族を束ねるとこれだけの軍勢となるのに、「甲斐の桶狭間の合戦」時には、二千人しか集まらなかったのである。

この時の状況は、ようやく尾張を統一した信長が、今川義元の大軍に襲われた状況とそっくりである。

この「甲斐の桶狭間の合戦」は、荒川端で行われた大永元年一〇月一六日の「飯田河原の合戦」と同年一一月二三日の「上条河原の合戦」の二度にわたって行われ、今川軍の総大将福島正成が討死して、今川軍大敗となったことが分かっている。

「上条河原合戦」において総大将を討たれ戦意を失くした今川軍は、富田城へ逃げようとしたが、武田軍に散々に討ち果たされ、死者怪我《けが》人数《かず》知《し》れず、富田城へ逃げ込めたのはわずか三千人で、残りは何処《いずこ》へともなく逃亡する、という武田軍の奇跡的な大勝利であった。

この戦で、今川軍の戦死者の流した血が、荒川の淵に溢《あふ》れ、赤く染まり、村人たちはその辺りを「赤ケ淵《あかがふち》」と呼んだ、という言い伝えが残っている。

千塚八幡神社の歴史
千塚八幡神社の歴史には、武田信虎が本陣を敷いたと刻されている。

千塚八幡神社

この戦での信虎直属軍の働きは目覚ましく、小幡虎盛は猛将山縣淡路守を討ち、乱戦の中、原友胤は何と総大将の首を取り、福島正成は上条河原の露と消えた。

この「甲斐の桶狭間の合戦」はどのように行なわれたのか、信長の「桶狭間の合戦」以上によく分かっていないのです。

しかしこの合戦のことは諸書に記録されている。それを一覧表にしたのが、巻末の「甲斐の桶狭間合戦記録」である。

困ったことに、昔の記録は色々違うことが多いのだが、この記録はすごく違っている。

時期そして今川軍の大将が異なっているのはまだしも、戦死者の数の違いは大き過ぎる。

この中で最も文献としての評価が高いのは、「勝山記」と「妙法寺記」だが、前者の今川軍の戦死者は数万騎に対して後者の方は数百騎と記されて

武田信虎が今川の大軍と戦った荒川端の飯田河原周辺。
はるか向こうに富士山が見える。

いる。

一体どういうことなのか。福島の率いた軍勢は大軍であるとしても、その戦死者が数万騎もいるはずがない。

ところが「妙法寺記」の数百騎はどうだろう。

流石奉氏は両書を比較検討し、「勝山記と原本の考証」を発表した。

「妙法寺記」は小山田与清が「勝山記」を写して、「妙法寺記」と名付けて文政九年に木版本として流布したもので、多くの転記間違いなどがあり、問題の「甲斐の桶狭間の合戦」における今川軍の死者の数百騎、というのは数万騎の転記間違いであるという。

武田氏研究の重鎮の柴辻俊六氏は、「再び勝山記（妙法寺記）の成立をめぐって」において、「勝山記」と「妙法寺記」に共通の、仮に「年代記」と称する祖本が存在していた。

「勝山記」は原形に最も近い古写本であるが、「妙法寺記」の原本ではなく、筆跡や記事内容と全体の表現方法が一致していることなどから、転写本であることは確かである、と述べている。

そうすると戦死者数をどう解釈すればよいのか。

今川軍が万を超える大軍であることは、どの書も記述している。

「勝山記」と「妙法寺記」は数万人、景憲家傳は二万に及ぶ、関八州古戦録・甲陽軍鑑・武田三代軍記は一万五千、武家事紀は一万余の大軍となっている。

一方武田軍については、次のように記述されている。

関八州古戦録・甲陽軍鑑は二千ばかり、景憲家傳は二千に満たずとある。

更に今川家で大きな勢力を誇っていた福島一門が、総大将福島正成以下福島一門皆々打死するほどの大敗を喫しているのだから、今川軍は百人単位の規模の戦死者であるはずがない。

その後も福島一族は勢力を維持し、今川義元が家督相続する前の「花蔵の乱」における一方の主役になっているほどの福島一門である。

「王代記」も「駿州衆大死して帰」、と記述しているのだから、「勝山記」と「妙法寺記」ともに、数千騎というのを写し間違えたとは考えられないだろうか。

ないしは数万騎が多過ぎると思い、「妙法寺記」の筆写者が独自の判断で数百騎に修正したという可能性があると思う。

次に「飯田河原古戦場慰霊碑」及び山梨県史における今川軍の戦死者六百は、「王代記」の読み間違いではないか、と私は思う。

「王代記」には
「十一月（霜月）二三日中刻上条合戦。駿州衆大死して帰。六百人討死」

と記されている。これは
「今川軍は多く死んだ。武田軍の戦死者は六百」

と、読むべきではないか。

更にこの戦は、二千ほどの軍勢で万を超える大敵を粉砕しているのだから、尋常な戦い方ではない。

「飯田河原古戦場慰霊碑」

建立者　　飯室紋吉

この碑は、甲斐の国が今川の属国になるところを救った「甲斐の桶狭間の合戦」の記念となるものが無いことを憂えた飯室紋吉氏が、有志を集めて建立した碑である。

文献として評価されている「勝山記」と「妙法寺記」に共通する「未刻（一四時）よりして夜を責《せ》め玉《たま》ふ」に注目したい。

これはどういう状況を表現しようとしているのだろうか。

寡兵が大軍に勝つ戦は、私の知る限り、「義経の戦」にしても毛利元就の「厳島の合戦」にしても、敵の意表を突く奇襲戦法である。「甲斐の桶狭間の合戦」も、敵が攻めてこないと思われた時、または予想外の所を攻める奇襲戦法であったと思う。

「王代記」の記述

「駿州衆大死して帰。六百人討死」

も正しいとしよう。

武田軍の戦死者六百は総勢二千の内の六百だから、これは武田軍にとって大打撃である。「勝山記」と「妙法寺記」そして「王代記」の記録をもとに推測すると、こういうことになる。

多くの野外での合戦は朝行なわれているのだが、例えば今川軍は甲府を挟み撃ちにしようと二手に分けていたが、武田信虎が出てきたので、今川全軍を集結させたとか何らかの事情があったため、午後二時頃から戦が始まり、相当な激戦になったと思われる。

五分五分の戦であったたか、むしろ武田軍が負けてしまったのではないか。

その後、勝ち戦に油断した今川軍を武田軍が夜襲した、と「勝山記」と「妙法寺記」に記載されて

いる

「未刻（一四時）よりして夜を責め玉ふ」

を読むべきではないか、と私は思っている。

戦国史研究家の吉田政博氏（駿甲関係にみる時衆と福島氏）は、今川軍には戦場へと赴き、最後の十念を授けて往生させるなどの役目を持った陣僧の順石蔵主が参陣していたという。

順石蔵主は、信虎に請われて甲府一蓮寺に入寺していた知り合いの遊行二四代不外上人に今川軍大敗を知らせたが、「遊行廿四祖御修行記」には、次のように記述されている。

私順石蔵主は、今川軍の中に陣僧として加わっていた。

甲斐の国主武田信虎とその重臣たちは、（漢の高祖劉邦の名宰相）蕭何《しょうか》や（漢の高祖劉邦の名将）韓信のように戦術を練り、太公望呂望や諸葛孔明のように智謀をめぐらし、あるいは山に軍勢を配置し、あるいは野原の守りをかため、前月二三日　一蓮寺のそばで激戦となり、福島の一族は義を重んじ、命を軽んじて戦死した。

福島氏は時宗（順石蔵主）の檀家なり、悲しみ嘆くこと深し。

今川軍が敗軍となってからは、戦死者が現場に野ざらしになっていたので、不外上人はその骸骨を僧侶・村人に協力してもらい埋葬して、導師として念仏を唱え、檀家であった福島一族を始め戦死者の菩提を弔った。

一方存者は三千余人が（富田城に）とりこになっていたので、不外上人は智略をめぐらして、全員無事に帰国させた。

武田軍は二千ばかりの寡兵だから、今川の戦死者が百人単位の規模だとすると、三千もの今川兵がなぜ、命からがら富田城に逃げ込まなければならないのか説明がつかない。

「甲斐の桶狭間の合戦」については、その存在さえ世間にあまり知られていないが、実は巻末の「甲斐の桶狭間合戦記録」に記載したように、数多くの記録が残っている。

しかしその記録間の違いの大きさのため、事実が闇の中に隠されているのではないだろうか。

時期の違いは、文献として超一流の「信長公記」でさえ間違っている（「信長公記」では「桶狭間の合戦」は天文二一年と記されている）のだからよいとしても、諸書における今川軍の戦死者の数の違いが、「甲斐の桶狭間合戦」の存在さえあいまいにされてきたのだと思う。

「塩山向岳禅庵小年代記」には、次のように記録されている。

「大永元年二月二八日駿州勢が河内に出張して　九月初めの六日に大嶋で一戦あり
味方は利を失い同十六日富田の城が落城した　また飯田口の一戦で勝利を得　同十一月二三日酉の
刻上条河原の一戦で、駿河衆は負けて　福島一族は打死し　その外四千余人打死した
残衆は富田城に籠って越年する　略　翌大永二年正月十四日駿河勢　命乞いして帰国する」

今川軍の戦死者の数は「塩山向岳禅庵小年代記」の四千余人が一番近いのではなかろうか。

諸書の記述を基に、「甲斐の桶狭間の合戦」の状況・推移を整理すると、次のようになると思う。

今川の重臣福島正成率いる一万五千の今川の大軍は、今川方となっていた穴山氏の河内《かわうち》を経由して富士川を北上し、甲斐の国を攻め滅ぼす勢いで甲府に迫ってきた。

「塩山向岳禅庵小年代記」及び「高白斎記」には、この時甲斐の豪族大井氏の富田城が落城した、と記録してある。

ところが甲斐の国存亡の危機にも関わらず、あまりの今川の大軍に恐れをなした甲斐の豪族たちは味方せず、信虎の下には譜代の家臣たち及び信虎直属軍からなる二千の兵しか集まらなかった。

しかし武田軍は、荒川端の上条河原で敵の大将福島正成を討取り、今川兵四千人を殺し、富田城に逃げ込めた今川兵は三千人で、残りは何処へともなく逃亡するという大勝利を得た。

その後、不外上人の努力により、富田城に逃げ込んだ三千人の今川兵は、全員無事に駿河に帰国したということになる。

さて「甲斐の桶狭間の合戦」における武田信虎の勝因は、一体何だったのだろう。

信虎には軍師がいて、その軍師荻原《おぎわら》常陸介《ひたちのすけ》昌勝《まさかつ》は「偽兵の計」を用いたと、「甲斐國志」及び「武田三代軍記」に記載されている。

兵力で圧倒的に劣る武田軍が、正々堂々の戦いをするとは思えない。

「偽兵の計」は大いにあり得ると思う。

塩山の恵林寺には、武田家臣の墓があり、この荻原常陸介昌勝の碑もあるが、この碑文に「武田氏軍師」と刻されており、信虎の軍師であったことがうかがわれる。

恵林寺

荻原常陸介の碑文　　武田氏軍師

夫追遠厚先君子之所以行孝也興廢継絶仕人之所以存義也奥有荻原氏之先塋在峡
慧林寺天正十年織田信長卒兵滅武田氏慧林寺以武田氏累祖之廟在焉而受兵最甚澗
焼滅其廟塋場其地是地荻原氏先君之碑碣不知爲誰家之柱礎矣荻原氏之先君諱昌勝
称常陸介甲斐守武田信昌之孫信昌者新羅三郎義光十六世之孫也昌勝以公族鎮撫武
封彊居于荻原邑因以為族焉後為武田氏軍師屢有戦功授以方面為郡内守天文四年
月十五日卒葬于慧林寺子昌明嗣称豊前守以父仕　當方面屢旌武功天正九年十月
八日卒同于慧林寺其明年武田氏亡　烈祖収峡之士族六百余人于幕府也荻原氏
與焉そ後裔今列於朝士者一姓而八族豈非祖先之餘澤乎今茲六月建碑于慧林寺
旌祖先之勲業焉追遠厚先之孝興廢絶之義於是乎在矣銘曰
　綿綿瓜　矯矯武臣　依斯遺勲　子孫漆漆　祭魚之義　首丘之仁
禽獸報本　而引於人　徳維歸厚　永叙天倫

また荻原常陸介の子孫が江戸幕府の勘定奉行になった荻原重秀であり、この荻原常陸介は実在の人物である。

更に信長の「桶狭間の合戦」においては、尾張の沓掛から桶狭間・大高・鳴海一帯は、既に今川方だったから、織田軍に今川軍に比べて地の利が有ったとは言えないが、「甲斐の桶狭間の合戦」においては、明らかに地の利は武田軍に有った。

また甲斐の黒駒は信濃の望月の駒と並んで、古《いにしえ》より歌に詠《よ》まれるほど有名で、それに騎乗する騎射技術に長けていた甲斐の精強な騎馬武者が活躍したのではないか。

重要なのは、いくら不利な状況でも、信虎に命を預けてくれる直属軍の存在である。

戦国の世において、武士は主君を選ぶ権利が多少はあった。

不利だと思えば、寝返って生きながらえることも無いとはいえない。豪族たちは家族のため家名存続のために、心ならずも主君を見捨てることもあったのである。

しかし直属軍の兵たちは主君が滅びれば、必然的に我が身も滅びる。

保身術の使いようが無いのである。

甲斐の豪族たちが守護大名武田信虎に従わなかった中で、直属軍が信虎に命を預けてくれた理由はそこに有る。

更に重要だと思われるのは、諸書に記述されているように、「上条河原の合戦」は日が暮れてから決着したようである。

「勝山記」と「妙法寺記」には、「夜を攻め給う」という記述がある。

恵林寺

武田家臣の墓・配置図

雨宮志摩守 猶良
馬場淡路守
名取彦次郎
石原豊後守 致仕
網野豊後守
越石主水
窪川豊前守 信来
網野與三郎 吉舒
圓寂本光信継 庵主（澤登）
守屋小十郎 昌定
神津善兵衛尉 幸英
安部加賀守 義近
荻原常陸介 昌勝
竹川但馬守 源秀経
小幡勘兵衛尉 景憲
→ 荻原常陸介昌勝
上野豊後守 重季
赤松家
荻原民部善
鶴田内頭氏諦
高井長門亮 邦頼
廣瀬清八景房
徳良越後 源晴長
古屋惣左衛門 尉源信義
柳沢市正 紀重守
武田甲斐守 信武
三井但馬守 信友
清水左大夫 源重義
乙骨太郎左衛門源安利
長澤主膳正 苗氏
秋山民部尉
長坂十左衛門 源英信
岩下駿河守 幸實
淳心院 良岳故棟
由良
内藤修理亮 昌豊 ○
金丸筑前守 源虎義
駒井越後守 信為
高坂彈正忠 昌信 ○
曲淵氏
山縣三郎兵衛 尉昌景 ○
原隼人介昌勝 ○
藪田内記 紀重治
土屋右衛門 尉直村 ○
横田備中守 源高松 ○
小尾美濃守 胤時
小池民部
（九州平戸の殿）松浦肥前守 鎮信
馬場美濃守 信房 ○
馬場玄蕃 源信方
武田兵庫頭 信實
河窪三郎兵 衛尉源信通
中嶋
芸州小幡
小幡豊之丞 憲道
吉田義右衛門 宅紹
直指院別峰 如雲居士
見龍院哲翁 道鑑居士
仁科内蔵助 信敬
吉田源之助 春達
望月右近太夫 義勝
米倉丹後守 重継
信玄公墓所

「高白斎記」、「塩山向岳禅庵小年代記」及び「遊行廿四祖御修行記」は、酉刻（一八時）に戦った、と記されている。

夜襲であるから、福島正成を討取ろうとしたとは思えない。

敵に大打撃を与えようとしたのが、たまたま敵の大将も討取ることができたのだろう。

また狼煙を活用したのかもしれない。


もう一つ私が気になるのは、「勝山記」及び「妙法寺記」の、
この年の「霜月（一一月）大雪降り候、極月（一二月）四尺降る」

の記述で、上条河原の合戦は一一月二三日に行われているのだから、当日戦の最中に雪が降ってきて、この雪が信虎に幸運をもたらしたのではないだろうか。

そうだとすると、信長の「桶狭間の合戦」は、戦の最中に降り注いだ雷雨が重大な影響を与えているから、まさに「甲斐の桶狭間の合戦」も、天候の恵みを受けた合戦であったことになる。

山梨日日新聞社編集局次長から歴史作家に転じた坂本徳一氏は、その著書「甲府の歴史」の中で、

「雷雨の中で奇襲をかけて　今川義元の首をはねた織田信長の戦法は、信虎のそれをそっくりまねたという説もあるくらいだ」

と述べている。

甲斐國志の古跡部を見ると、島上条村に、

「古碑一基穂坂路の傍らに在り　略　銘文数百字剥落して読むべからず　大永六年丙戌九月の字を視るのみ　里人の伝には信虎の古戦場なり　亡卒の為に此の碑を建つと云う」とあり、

信虎は「甲斐の桶狭間の合戦」に勝利した五年後の大永六年に、敵味方の戦死者の供養のために、頂を三角形にした石塔婆の板碑《いたび》を建立して菩提を弔った。

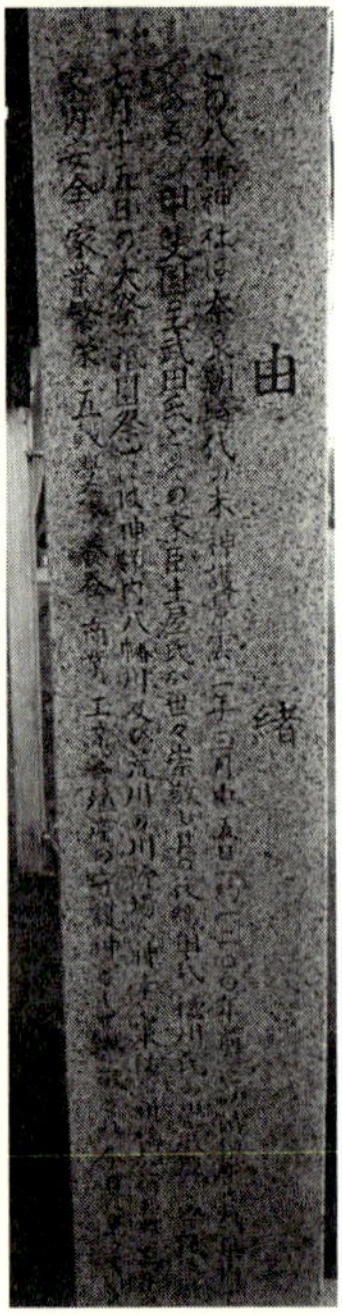

八幡神社の由緒

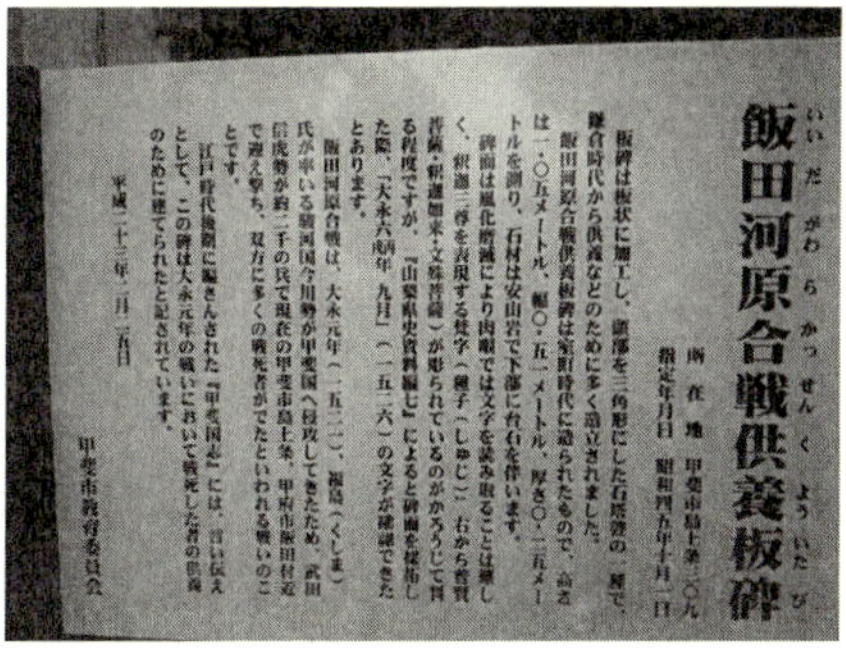

「甲斐の桶狭間の合戦」の五年後大永六年九月に建立された板碑《いたび》。この板碑は、武田氏が崇敬した八幡神社の境内に建てられている。

甲府のつつじヶ崎館（現武田神社）

武田信虎はつつじヶ崎館から富士山を眺めていたが、「甲斐の桶狭間の合戦」に勝利した後、多くの家臣たちを引き連れて、遠くからあこがれをもって眺めていた富士山に登り、富士山頂の外輪山を一周するお鉢回りを行ない、日の出の勢いを内外に示した。

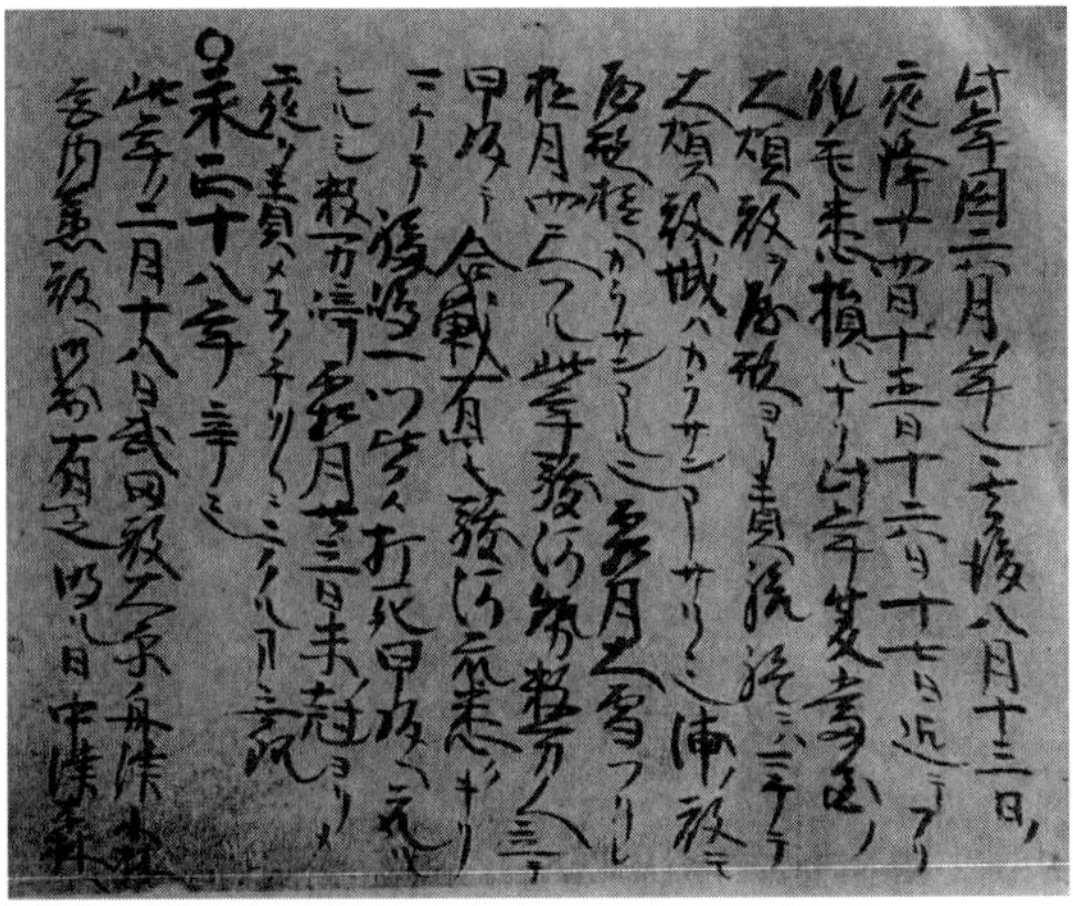

「勝山記」　国立国会図書館所蔵

霜月大雪降り候、極月四尺降る
此の年駿河勢数万人立ちて甲州で合戦これ有り
駿河衆悉く　切り負けて福島一門皆々打死、
甲州へ取る首数万騎　霜月廿三日
未の刻よりして夜を責め玉ふ
ちりちりに　逃ぐる事限りなし

「甲斐の桶狭間合戦記録」の文献概要は次の通りである。

高白斎記（武田信虎と信玄に仕えた重臣駒井高白斎の日記）
王代記（山梨県窪八幡宮の別当である普賢寺の住職の記録）
塩山向岳禅庵小年代記（山梨県向岳寺の歴代住職の記録）
遊行廿四祖御修行記（時衆遊行二四代不外上人の記録）
甲斐國志（甲府勤番帥の松平定能が、幕府の内命により文化一一年にまとめた書）
武家事紀（山鹿素行によって書かれた歴史書）
関八州古戦録（享保一一年に槇島昭武が著した戦国時代の軍記物語）
甲陽軍鑑（武田の足軽大将小幡虎盛の子孫小幡景憲が、当時の記録を基にして編集したものとされているが、誤りが多く史料としての座を追われたが、同書にのみ登場する山本勘助が市河文書により実在を証明され、少し復権した）
景憲家傳（前述の小幡景憲の書）
武田三代軍記（「甲陽軍鑑」を下敷きにして書かれた軍記物語）
飯田河原古戦場慰霊碑
（甲斐の国が、今川の属国になるところを救った「甲斐の桶狭間の合戦」の記念となるものが無いことを憂えた飯室紋吉氏が、有志を集めて建立した碑）

十二、信長は「桶狭間の合戦」に際して何を考えていたのか

寡兵で今川の大軍を打破った「甲斐の桶狭間の合戦」を知り、信長は今川義元との決戦を決意したと私は考えるが、「甲斐の桶狭間の合戦」でなぜ武田信虎が勝利したのか、信長はその勝因を分析し、今川義元との決戦に応用しようとしただろう。

信長の場合、今川軍と比べて地の利があるとはいえない。

精強な騎馬隊は簡単にはできない。

優秀な馬、飼育技術、乗馬術に加えて騎乗しての騎射技術のすべてを適《かな》えることは、言うは易いが現実的には無理である。

信長が目を付けたのは直属軍と奇襲戦法であった。

信長が次男坊・三男坊に目を付け、諸国の武芸者を求めたのは、信長の好みではなく絶対に必要だったからである。

今川義元との決戦時に、圧倒的に不利な状況に追い込まれることは、信長には分かっていた。

その時、かって信長に反抗したことのある家老たちが、死も辞さずに信長の命に従うとは信じられない。

今川義元の大軍に寡兵で攻めかかる時、従う兵が必要だった。

それが信長直属軍だったのである。

大軍と対峙した時、味方は怖気付《おじけづ》き、戦う前に勝負がついてしまう。

しかし戦いに勝とうが負けようが、従うしかない直属軍は信長の命令一下、信長について行く以外選択肢はない。

そして信長は次男坊・三男坊たちを周りに集め、諸国の武芸者などを中途採用して直属軍強化に努め、彼らを鍛えに鍛えた。

そして武田騎馬隊の代わりに目を付けたのが鉄砲であった。

信長は鉄砲を集め、訓練を積み重ね直属軍を精鋭に育て上げた。

「桶狭間の合戦」にさかのぼること六年前の天文二三年村木砦の攻撃に鉄砲隊を使っていることが、「信長公記」に記されている（「首巻比較表」一四番参照）。

信長は尾張平定の過程においても、今川義元との決戦を考えていた。

今川義元が上洛途上尾張に攻め込み、織田信長を滅ぼそうとするのは、天才信長には予想ではなく、近い将来起こる事実として分かっていたのである。

信長は死にもの狂いで考えた。どうすれば今川義元に勝つことができるのか。

更に過酷な条件があった。今川義元が名将であることを信長は承知していた。もし今川軍を打ち破っても、今川義元一人逃せばどうなるか。

名将は今度は腹を据えて、信長一人を滅ぼすための報復戦を挑んでくるであろう。

その時の戦において、上洛などは一切考えない。

その時どうなるか。

信長には結果が分かっていた。その時はどうすることもできない。

この戦は勝つことが難しいだけでなく、今川義元の首も取る戦でなければならない。

ということは、夜戦は駄目である。

考えれば考えるほど、不可能の文字が頭に浮かぶ。

絶望的な状況の中で、しかし信長はあきらめなかった。

その時信長の脳裏に浮かんだのは、敦盛の
「人間五十年、下天《げてん》の内をくらぶれば、夢幻のごとくなり、一度生を得て滅せぬ者のあるべきか」

そして小歌の
「死のうは一定《いちじょう》（死ぬのは決まっていることだ。生きている内に何をなしたかが重要だ）

　しのび草には何をしよぞ　一定語りおこすよの」であった。

このことは、「信長公記」天理本の天沢長老物語に、次のように載っている。

「信長公この頃《ごろ》は、討死されることを御胸中に登ると相聞《あいき》こえ、舞には敦盛
小歌には死のふは一定…」とある（「首巻比較表」一三番参照）。

信長が必死の覚悟であったことが記載されている。

悩める信長が想像できるであろう。

信長は更に考え続けた。

義元は定石通りの戦い方をしてくるであろう。

相手のミスに乗じることはできない。義元の考えも及ばない戦い方をしなければ勝てない。しかも武田信虎のように夜陰に乗じることはできない。

ではどうすればよいか。

ここで妙案を思い付くかどうかで、自分の運命が決まる。

信長は全生命力を集中させた。

全軍で戦うのは織田軍対今川軍の戦いとなり、堂々の戦い方だが、それでは地力の違いが出る。

奇襲戦法しか勝てない。

源義経などの戦い方だ。

一の谷の戦、屋島の戦ともに、敵が出現すると思っていない所を攻めている。

信長の結論は、このような戦い方しかないということであった。それは「甲斐の桶狭間合戦」の戦い方でもあったに違いない。

それは義元本陣を奇襲するしかないということである。

「信長は清須城に立て籠もる」

と想定して、今川義元は攻めてくるであろう。

「**人の考える逆を行なう**」

「人の行く裏に道有り花の山」、という株式相場の格言とも通ずるかも。

それしか活路は無い。迷路の中に一筋の光が見えたような気がした。

死への恐怖は失せていた。

義元はミスを犯さないであろうから、敵のミスに付け込む作戦では勝てない。

そして尾張国境から清須までの間で勝負するしかない。

そして信長は決断する。

真昼間《まっぴるま》、誰も攻めてこないと思う時、誰も攻めてこないと思う所を攻めて、義元の首を取る。駄目で元々。可能性はあるのだから、挑戦しよう。

信長は今川義元を油断させるために、鷲津・丸根砦に援軍を送らず、両砦を見殺しにしたという説があるが、そうではなく、「信長公記　天理本」に記述されている通り、信長は討死すると思っていたのである。

勝つ可能性はあるものの、確率的には己《おのれ》は死ぬ。

鷲津・丸根砦の兵たちとの違いは、死ぬのが早いか遅いかだけのことである。鷲津・丸根砦の兵たちには、**三途の川の道案内**を頼む位の気持ちだったのではあるまいか。

そして「首巻比較表」天理本の四三番には、次のように表現されている。

「義元を大事の敵と思召し候か　義元うたせられ候て　其後小歌之御沙汰これ無く候の事」

「桶狭間の合戦」で討死すると覚悟していた信長。
はからずも生き延びた後は、信長は小歌を歌わなくなったという。

それほど信長は、今川義元との対決に、長い間命を懸けていたのである。

そこまで分かると、善照寺砦の「信長腰掛けの松」に座って兵の集結を待ちながら、桶狭間山をにらみ付けていた　信長の心境が見えてこないだろうか。

二時間ほど後に、桶狭間山で暴れまくり、その後に訪れるであろう　己の死を冷静に眺めている覚《さ》めた信長の横顔も！

（表紙の絵はこの場面を想像したものです）

「信長公記　天理本」
義元を大事の敵と思召し候か
義元うたせられ候て
その後小歌の御沙汰これ無く候の事

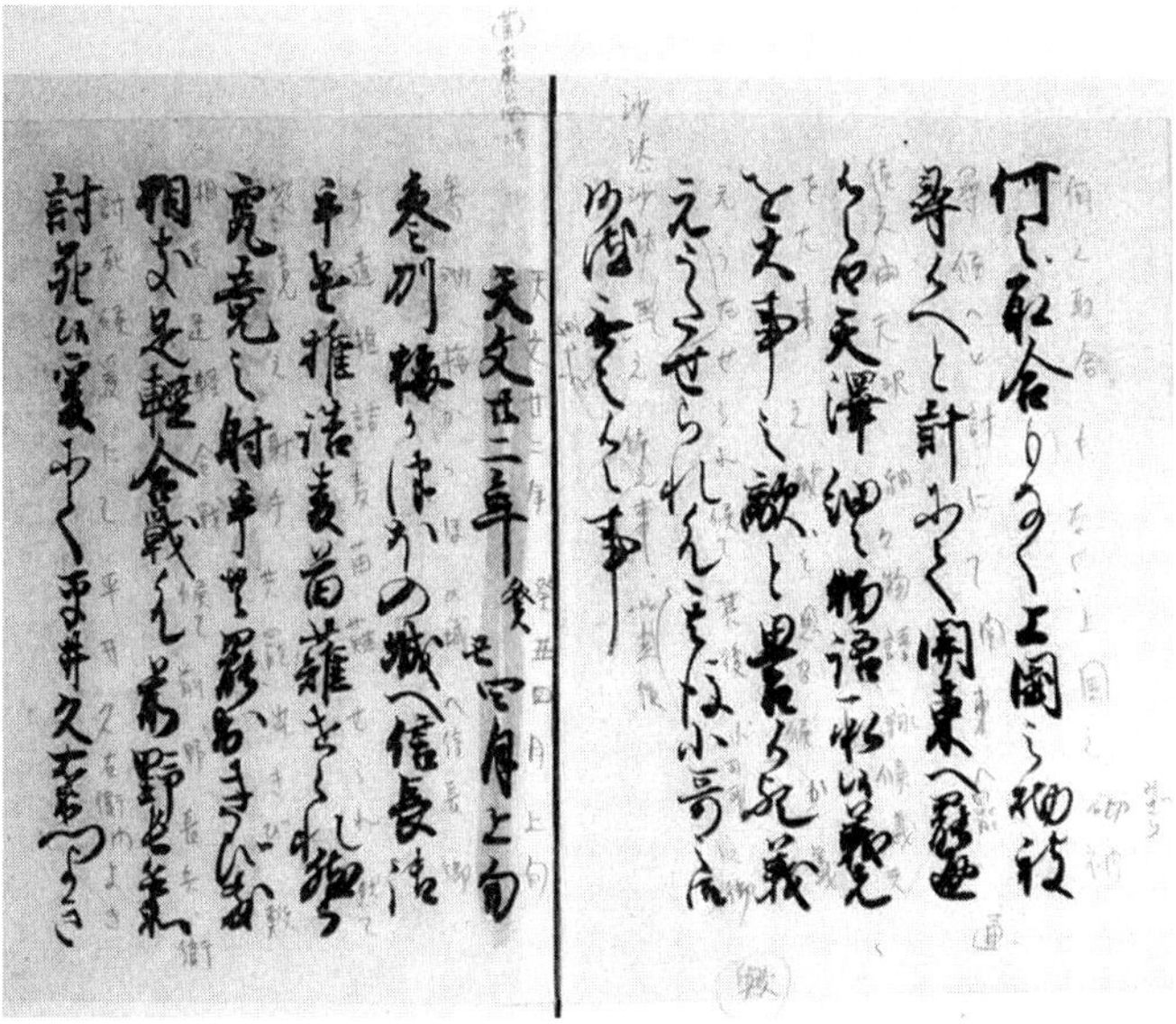

十三、武田信虎と織田信長

武田信虎と織田信長という二人の戦国武将。

この二人は名前が似ているだけでなく、似たようなことを行なっているのである。

二人とも、若くして家督を相続したが（信虎満一三才、信長満一六才）、当時一族は権力争いの真っただ中であった。

信虎は家督相続の翌年満一四才の時に叔父油川信恵《のぶよし》を討ち、信長は家督相続の六年後に実の弟を成敗している。

信虎はその後も、小山田氏・大井氏・栗原氏・今井氏・飯富氏など甲斐の有力豪族の反乱に悩まされるが、信虎直属軍、軍師荻原常陸介昌勝及び板垣信方・曽根昌長・楠浦昌勝・駒井高白斎・甘利虎泰などの譜代の家臣たちの働きにより、甲斐の国を統一する。

そして反乱した家臣たちに対して、小山田《おやまだ》信有《のぶあり》・大井信達《のぶさと》・大井信業《のぶなり》・今井信是《のぶこれ》・今井信元《のぶもと》・飯富《おぶ》虎昌《とらまさ》などすべての家臣の命を助け、重臣として採用している。

信長も、自分に敵対した柴田勝家・林佐渡守などの命を助け、重臣として採用している。

二人にとって人生最大の試練であった「桶狭間の合戦」当時の年齢は、武田信虎が満二七才、織田信長が満二六才である。

信長は「首巻比較表」の一番に記載しているように、天王坊で情報収集に励んだと思われる。

「信長公記」は、当時の信長の服装を次のように記述している。

「明衣《ゆかたびら》の袖をはづし、半袴、ひうち袋、色々余多《あまた》付けさせられ、御髪《おぐし》はちやせんに、くれない糸・もえぎ糸にて巻立てゆわせられ」

このようなラフなスタイルは、庶民から情報を得るには好都合だったのではないか。

また余計なことに気を使いたくもなかった。

有効な情報を得ることの方が優先課題だったのである。信長にはのんびりしている暇も無かった。

信虎は甲府城下町政策実施に当たり、国内が内乱状態となる苦労を経験したが、信長はそのことをおそらく天王坊などからの情報により、知っていたのではないだろうか。

清須城から美濃攻略のために小牧山《こまきやま》城下町政策を実行するに際して、「信長公記」には、

「上総介信長、奇特《きとく》なる御巧《おんたくみ》これあり」

と記されている（「首巻比較表」の五〇番参照）。

信長は不思議な計略をめぐらしたというが、これは城下町政策は重要だが、うかつにやると家臣の猛反発を招くことを信長は恐れていたのではないかと思う。

信長は清須から小牧山に移るに当って、工夫をこらした。

小牧山城に移転する前に、信長は近習《きんじゅ》を全員引き連れて、山中の高山・二の宮山に登って、

「この山に築城しよう」

「皆ここへ家を移せ」

と命令し、具体的にここの峰は誰、あそこの谷間は誰、と屋敷地の割り振りをした。

近習たちは皆何のことか分からず、呆然としていたであろう。

その日はそのまま帰ったが、しばらくすると、また近習たちを連れて急いで出掛けて行き、

「山の谷間に住むように」

という先日の命令を再度出して、念を押した。

その時になって近習たちは信長が本気である、と悟って慌てたが、いったん言い出したらきかない信長の性格を知っているので、どうしてよいか分からず、途方に暮れた。

落ち込んでいる近習たちからその話を聞いた家臣たちは、大いに迷惑がり、かつがっかりすること尋常でなく、あのような山奥の谷間に住むなどもっての外だ、と大反対した。

その後時期を見計らって、信長は高山ではなく、濃尾平野の中の小山となっている　小牧山に城下町を築き、家臣を移住させる、と発表した。

高山に住まわされることを内心恐れていた家臣たちは、「どっ」と喜んで移転し、甲府城下町の時と異なり、反乱は起こらなかった。

私はこの二の宮山の話は昔から知っていたが、なぜ唐突《とうとつ》にこんな話が出てくるのか不思議だった。面白い話だが、おそらくこれは事実ではなく、牛一がどこかで聞いてきた話を読者に対するリップサービスとして載せたのだろう、と永らく理解していた。

しかし信長は信虎を反面教師としてその行動を研究していたのではなかろうか。更に信長は岐阜城

下町・安土城下町と城下町政策を進化発展させていくことになる。

私は甲府城下町政策を実施しようとした武田信虎が、内乱状態になって苦労したことを知って、この二の宮山の話は実話であると実感した。

「信長公記」は、どうでもよい話は載せていないのである。

何気なく触れていることも深い意味が隠されている書なのである。「信長公記」のこうした記述のくせを考えると、気になることがある。

「首巻比較表」三四番の

「沓懸の到下（とうげ）の松の本に、二かい・三かいの楠の木、雨に東へ降倒るゝ」

この部分をどう理解すればよいのか。

橋場氏の信長別働隊が見たというのは、かなり説得力があるように思われる。

これは誰が見たのか。

これはどれほどすごい雷雨だったかを表すために、戦の後で見付けた楠の木のことを追記したのだという説もあるが、どうもそうは思われない。

更に信虎が「甲斐の桶狭間の合戦」で使ったと伝えられる　軍師荻原常陸介の献策である偽兵の計を、信長は善照寺砦で使ったのではないかと思われる。

鳴海城の岡部元信に信長は善照寺砦にいると思わせ、また桶狭間山の今川方にも混乱を生じさせたのではないか。

鳴海城から善照寺砦まで徒歩八分の距離だが、鳴海城から善照寺砦はよく見えないのである。

また「甲斐の桶狭間の合戦」の五年後の大永六年に、鎌倉時代から供養のため多く建立された石塔婆の板碑《いたび》を敵味方の戦死者のために建てた信虎に対して、信長も「桶狭間の合戦」の後、美濃路須ヶ口の地に敵味方の霊を慰めるため、大卒塔婆を建立している（「首巻比較表」の四一番参照）。

次に武田信虎と織田信長の政策で共通するものをみてみよう。

「勝山記」に次のような記述がある。

「大永八年此年は以ての外に大日照り候　六月七月八月まで照り候　此年の五月十六日に大雨降り候て十七日に大水出て悉く田畠を損さすなり　略　此年御上意より地下へ三年先はおしつぶし　其の以後をば本なしと御触れ候　さる間地下衆なけきもあり　喜ひもあり大概は嘆き申され候」

大日照り、大雨などの天災により、民の生活が苦しい中で、商人たちは高い利益を得ていると考えた信虎は、大永八年に、

「三年以前の借金は棒引き、それ以後のものは無利息返済」

という内容の徳政令を甲斐一国を対象に発したが、喜ぶ者有り　嘆く者有り色々だったが、多くは迷惑したと記録されている。

これは東国の戦国大名が初めて発令した徳政令で、更に土一揆を受けて止むを得ず出した徳政令ではなく、自発的に発令した点が特徴だが、貸し手は損害を被り《こうむ》二度と貸さなくなったのである。

経済政策は、昔も今も難しい。

信長は信虎の徳政令を調べていたのであろうか。

少し違った徳政令を実施している。

名古屋市博物館学芸員の下村信博氏（戦国・織豊期の徳政）は、信長の徳政令を次のように紹介する。

「経済的に困窮していた公家・寺社などが由緒の地を手放している状況を鑑み、信長は天正三年に、主に公家・寺社を対象として、債務を帳消しにする徳政と下地を取り戻す徳政を実施した。債務を対象とした徳政はかなり順調な進展をみせたといえるが、権利関係が複雑な土地の取り戻しに関しては、実効面で限界があった。

度々紛争が起こり、信長自らが裁定に乗り出すこともあったが、奈良の多門院英俊のように善政なりとする評価もあった」


天文九年四月上旬に板垣信方に信濃佐久郡を攻めさせ、臼田、入沢城など数十の城を獲得し、佐久郡をほぼ制圧した武田信虎は、新政策を実施しやすい新しい領地に伝馬《てんま》制を導入し、

「この印判状なくして伝馬出すべからず」

という伝馬定書を八月二日に佐久郡の海の口郷に与え、馬の継立てを命ずる伝馬手形を発行した。

この伝馬制は、あらかじめ宿場に人馬を用意させ物資の継ぎ送りをさせるものであり、武田信虎は情報伝達システムの整備に取り掛かったのである。

一方信長は、上洛を果たした永禄一一年に関所の廃止を実施し、天正二年より分国中の道路・橋梁の造営を始め、幅三間の大道を作り、旅人のために一里ごとに塚や木を植えた一里塚を制定した。

そして信長は、新政策を実施しやすい新しい領地である美濃国の加納及び近江国の安土などの地に楽市令を出して、有名な楽市楽座を展開している。

そして武田信虎と織田信長の接点が、ただ一つ記録に残っている。

信虎は信玄により甲斐の国を追われた後駿河にいたが、今川義元に嫁いでいた信虎の長女が亡くなった後、駿河を離れ京に屋敷を構えたようである。

信虎の消息は、京の公家山科言継《やましなときつぐ》の日記に度々登場していることからうかがわれる。

それによると将軍足利義輝に仕え、武家筆頭の地位についていたようであるが、その晩年に足利義昭の命で織田信長を討伐するため、近江の甲賀で兵を募った。

そのことを察知した信長は、

「武田信虎は、甲賀郡で近江の兵を募っているというが、いかに将軍の命《めい》という上意《じょうい》が重くとも、急に人を集めても、たいしたことはできはしまい」

と、天正元年三月七日付の細川藤孝宛の手紙に書いている通り、信長はもはや信虎をあまり相手にしていなかった。

信長の心には、信玄に国主の座を奪われた信虎に対する憐憫《れんびん》の情があったかもしれない。

また「今川軍に勝つには、信長に命を預けてくれる直属軍の存在が絶対に必要である」、と教えてくれた武田信虎に対する感謝の気持ちも有ったのではないか。

そして八〇才近くなっていた信虎は、信長に対抗するだけの影響力も持っていなかった。

そして信長は信虎を殺そうとはせず、そのままに打ち捨てた。

十四、「桶狭間の合戦」の解明

今川義元の上洛説について、もう少し考えてみよう。

上洛戦ではないという反論の中に、今川方の正規の記録に無いというものがあるが、当主の没後四九日の内に降った水を硯水として、代々の当主の伝記をまとめた「今川記」には、「桶狭間の合戦」はどう記録されているのであろうか。

今川家の全盛時代を築いた今川義元の時代について、

「花蔵の乱を制したという趣旨の説明の後、然れども義元公不慮に討死なされ」

としか記載されていない。

今川氏真の時代については、武田信虎が今川家を乗っ取ろうとしたとか、信玄に攻められたということまで記述しているにもかかわらず、義元時代の記述が無いのである。

「調査報告書」のはしがきには、「今川記」に関して、

「義元については故意に欠除した感があって、事蹟を知ることができない」

と書かれている。

もう一つ「今川記」に載っていない重大事件がある。

それが「甲斐の桶狭間の合戦」である。

「信長公記」の裏側から「桶狭間の合戦」を眺めたいと思っていたが、残念ながら「今川記」とはそういう書なのである。

中嶋砦で「攻め上れ」という命令を発した信長だが、このような戦で勝った例があるというのを知っているのと知らないのとでは、天地の違いが有る。

自分自身の勝利への確信・確度が、全く違ってしまう。

同じ「桶狭間山を攻め上れという命令、命を俺にくれという命令」を出した場合でも、勝つ可能性を確信している場合とハッタリで言っている場合では、部下はその違いを本能的に察知してしまうものである。

次に「桶狭間の合戦」の前夜の軍議について考えてみよう。

「信長公記」には「首巻比較表」二七番に、

「其夜の御はなし、戦のてだてはゆめゆめこれなく、色色世間の御雑談迄にて、既に深更に及ぶの間帰宅候へと御暇下さる。

家老の衆申す様、運の末には智慧の鏡も曇るとは此の節なりと、各々嘲弄《ちょうろう》候て罷り帰られ候」、と記されている。

軍議など全く無く、雑談している内に夜が更け、信長公が帰宅しなさいと言われたので、引き上げることにしたが、運の末には智慧の鏡も曇ってしまうとはこのことだ、と皆嘲弄して、呆れて帰宅したという。

しかし「天理本」では、これと異なっている。

「其夜の御はなし　戦のてだて御談合、是非において国境にて御一戦遂げらるべく候、寄地へ踏逃げられ候ては　有に甲斐無しとの御存分也」

是非とも国境にて一戦交えるべきだ。(今川義元を)安全な所へ逃がしては甲斐無し、との(信長公の)お考えであった、と記されている。

しかし、このような今川義元を逃さないなどという秘中の秘を　今川の間者が入り込んでいるであろう状況下で、信長が軍議の席で話すはずがない。

これは「桶狭間の合戦」の後で、信長公は実はこのようなことを考えておられたのだ、ということが巷《ちまた》で噂されるのを軍議の席でのことだ、と牛一が聞いて書き留めたのではないか。

また、正親町天皇の勅使として尾張にやってきた立入宗継と、織田信長の会見を取り継いだ道家尾張守の申し置いたことを記した「道家祖看記」にも、次のように同様な前夜の軍議の様子が記述されている。

林佐渡守などが、

「清須は日本一の名城なれば、籠城すべし」

と言うのを、
信長は、

「昔より籠城して運の開くこと無し。明日は未明に鳴海おもてへ打ち出て、義元首を刎《は》ね候か」、と言って反対している。

「信長公記」の内容に推敲《すいこう》を重ねていた牛一は、このことが事実でないことに気が付いて、書き改めたのだ、と私は思う。

しかし信長の心の中は、「天理本」や「道家祖看記」に記述されているとおりだったのである。

長年信長が、死ぬ思いで考えた作戦以上のものが、出るはずの無い軍議など無意味である。

家臣たちは、信長の命令に従ってくれさえすれば、それでよい。

しかし、そのことに不安が有る。

更に信長は戦に勝つだけでなく、今川義元を討取ることに全身全霊を傾けていた。

まさに柴田勝家が率いていたであろう別働隊の役目は、そのことにあったのである。

信長は桶狭間山を攻め上る部隊に、全幅の信頼を置けない家老衆は入れなかった。

家老衆の役割は、今川義元が逃げた場合の**待伏せ部隊**だった、と私は思う。

鎌倉街道を東進する二千～三千の兵たちは、桶狭間山から沓掛城へ逃げようとする今川義元を討ち果たす伏兵だったのではないか。

今川義元の旗本との戦いに家老たちの活躍の場面はなく、直属軍の者ばかりである。

待伏せ部隊は一ヶ所に留まるわけではなく、何ヶ所かに分かれていたであろう。

斥候も何人か放っていたであろう。

かなりの広範囲において情報をつかみ得る位置にいたに違いない。

信長が桶狭間山で討死した場合は、待伏せ部隊は役立たないが、その時はそれまでと諦める。

楠の木の大木が倒れたという沓掛の峠の松の本は、沓掛城の北北東の地点（沓掛町松本）だが、そんな場所に信長軍がいたとすれば、一体何をしていたのだろうか。

待伏せ部隊以外考えられない。

そしてその待伏せ部隊の中に牛一はいたのではないだろうか。沓掛の峠の松の本に楠の大木が、東に降り倒されたのを見たのは誰か。

なぜかこの文章に牛一の思い入れを感じるのだが。

倒れた楠の木を見たのは牛一自身だったのではないか、と私は想像をたくましくする。


次に小和田氏はその著書「戦国軍師の合戦術」の中で、信長には軍師がいたという。

その名は「伊束《いそく》法師」。

軍師は「伊束法師物語」を次のように残している。

伊束法師の生国は豊前国宇佐郡で、遁世《とんせい》の身となりて播磨《はりま》国宍粟《しそう》郡船越山の麓に年久しく居住致すところ、信長公より再三御使を下されたので、昨冬清洲に伺候仕《つかまつ》った。

信長公は、「軍書の由来はいかが」、と御尋ねなり。

「それ文武は車の両輪のごとしと古より申し伝え候。治世には文をもってこれを治め、乱れたる世には武をもって鎮《しず》めるといえる。されば代々の帝王これを調法とし給う（これを活用した）。　略
源頼義勅諚《ちょくじょう》によりてこれを相伝す。その時陸奥守義家、かたわらに立ち聞きし給いて書写し、それより武家に伝うるなり。　略　これを「源氏懐《ふところ》の書」と号して、源家末代の大宝として、八幡宮に納むるなり　略　」

と、伊東は申し上げたという。

織田信長は、宇佐八幡宮の近くで生まれ育った軍師伊東法師を三顧の礼をもって迎え（劉備玄徳が諸葛孔明に対処した例）、八幡太郎源義家の兵法書の指南の手ほどきを次のように受けていた。

「治世においては文を基本として政治を行ない、乱世においては武をもって国を鎮めていくしか仕方がない。これは昔から言われていることであり、代々の帝王がそのことを念頭において政治を行なってきた」

そうした軍師からの教えを学んでいるうちに、信長は「天下布武」の思想を育んでいったのではないか、と私は推測する。

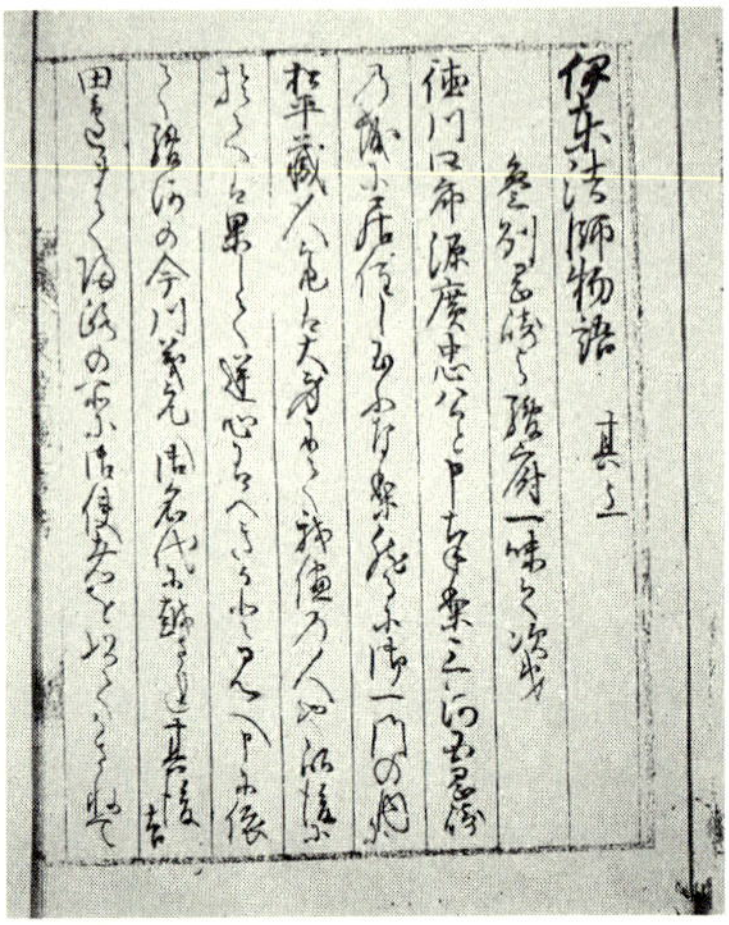

「伊東法師物語」
国立国会図書館所蔵

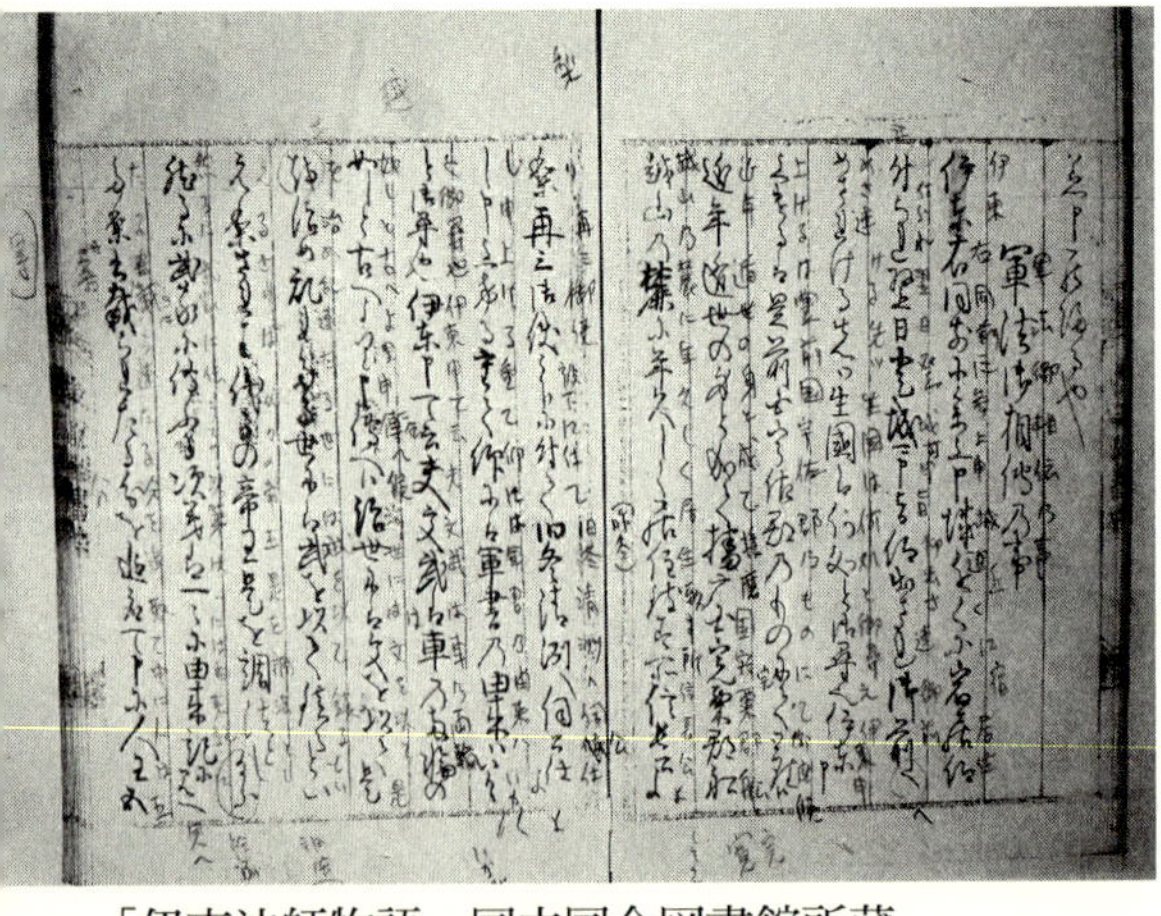

「伊東法師物語」国立国会図書館所蔵
軍書の由来はいかが
それ文武は車の両輪のごとしと

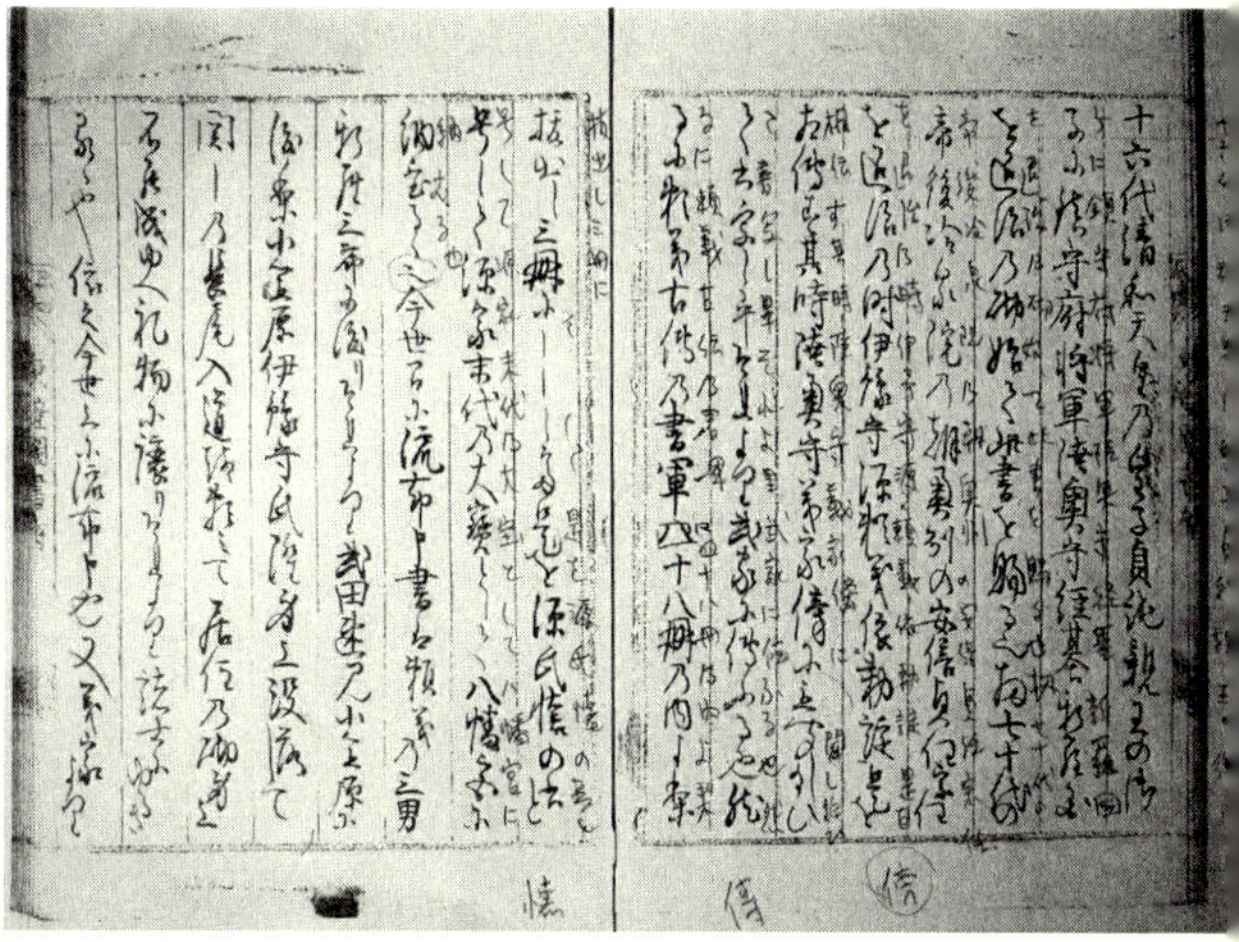

「伊東法師物語」国立国会図書館所蔵
是を源氏懐の書と号して、源家末代の大宝として、八幡宮に納むるなり

また尾張の地誌である「張州府志」に、次のように意足居士(伊東法師)のことが載っている。

「光明寺に住む意足居士（伊東法師）は、学を好み　すこぶる兵書をそらんじる。

東照神祖（徳川家康）が織田信長に会った時に、側に伊東法師がいた。

信長は、『この僧は兵書を学び、八幡太郎（源義家）伝を得る。我これを学ぶを欲す』」

更に「伊東法師物語」の中に、次のような記述がある。

「今川義元天下へ切とり国家を治んと欲し　駿河遠州三州三ヶ国の軍勢二万余騎のあらわれ到るにて遠州池田の原に勢揃有るべし

略　永禄三年庚申五月十日　略　十七日、本陣は池鯉鮒《ちりゅう》表に押寄せて　**桶狭間に陣を寄らる**　是より智多郡へ働き在々所々の民屋を放火せしめ作毛をなぎすて」

「桶狭間の合戦」の二日前の五月一七日に、**今川軍は桶狭間に陣を寄らる。**

すなわち桶狭間山に本陣の準備をしているのである。

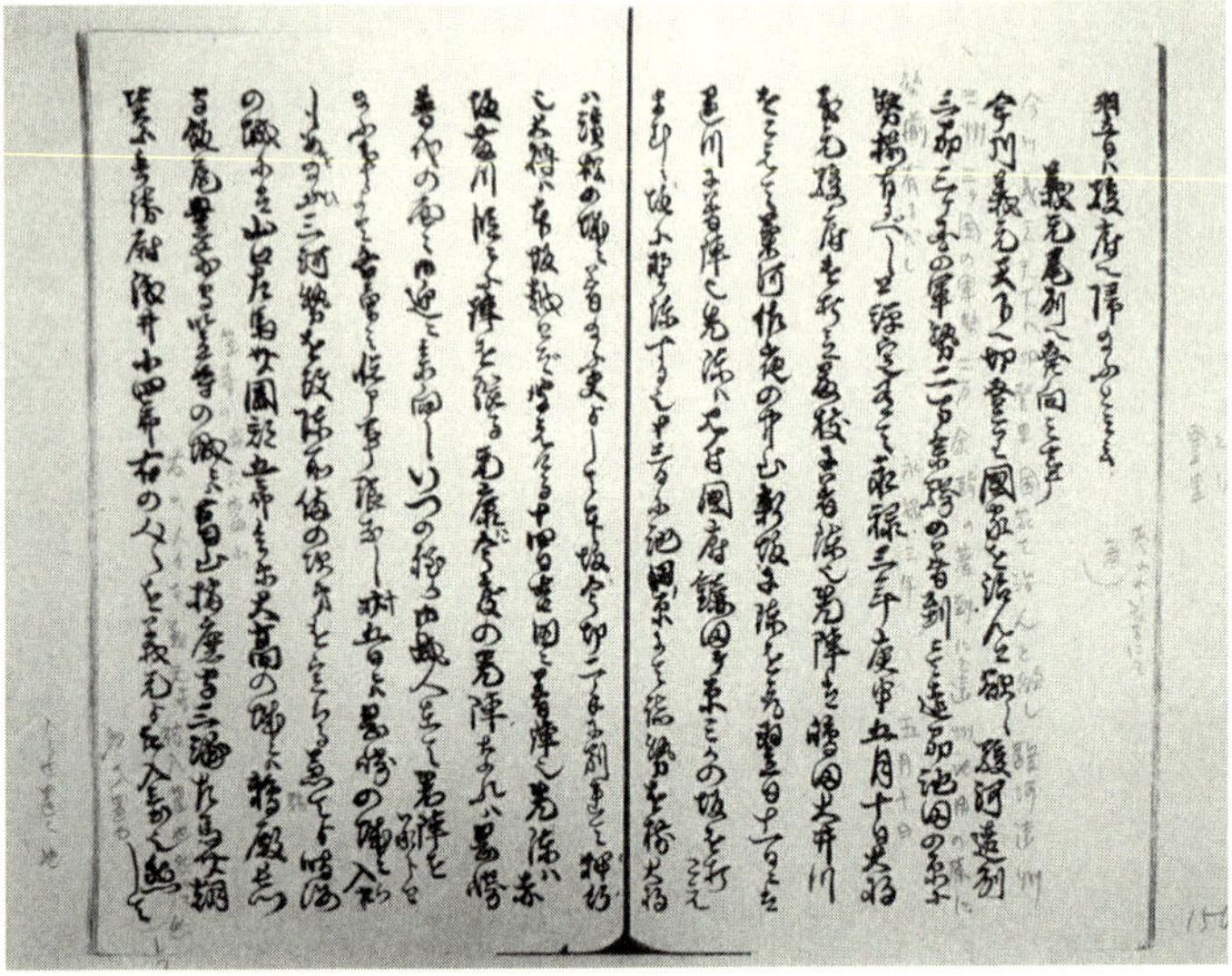

「伊東法師物語」国立国会図書館所蔵

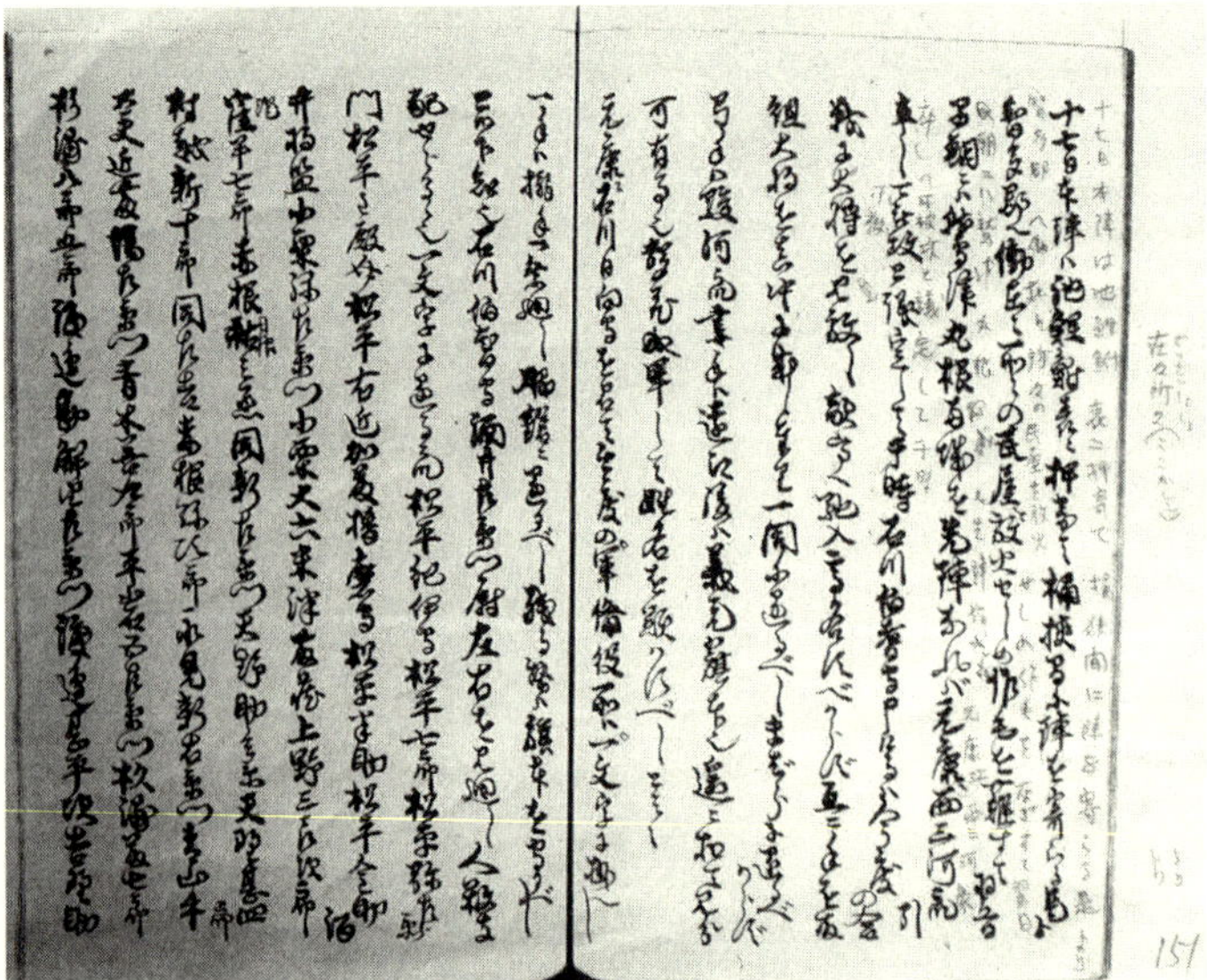

「伊東法師物語」国立国会図書館所蔵

五月一七日に今川軍は桶狭間に陣を寄らる

このことを軍師は「桶狭間の合戦」の後で、このようなことをしていたのかと気付いた可能性はあるものの、やはり事前に軍師は知っていたのではあるまいか。

すなわち信長は、広い桶狭間山の中で、「桶狭間の合戦」の前日または前々日に、今川義元の本陣の位置がどこかを知っていたのである。

「信長公記」の記述をよくみると、中嶋砦から桶狭間山へ攻め上る経過が単純に書かれているが、義元本陣をあちこち探しているようには思えない。

中嶋砦に駆け付けた前田利家などに、「一切分捕りたるべからず」、とこの戦に対する心構えを諭《さと》した後、桶狭間山の山際まで真っすぐ進んだように読み取れる。

広い桶狭間丘陵で、義元本陣を探してうろうろしていると、二万の今川の大軍がいるのだから、信長軍は見付かって包囲されてしまう。「信長公記」には途中で見付かったとは書かれていないのだから、見付からずに義元本陣の下に布陣していた段々の陣までたどり着いた、と行間を読むべきであると思う。

やはり信長は、義元本陣の位置を事前に知っていた、と理解するしかない。

そしてこの義元本陣の位置情報をもたらした者こそ、沓掛の土豪簗田出羽守だったのではないだろうか。

そしてその問題の今川義元の本陣とはどこだったのか。

最有力説のホシザキ電気工場敷地に立ってみた。なるほど広大な丘陵地は見晴らしがよく、大軍が布陣するにふさわしい場所だと納得した。

ここなら二万の大軍が、優に陣取ることができる。


しかし妙に違和感を感じた。

何か違うと思った。

方向が違うのである。

「信長公記」の記述と違っている。

正確無比の「信長公記」と方角が違っている。

このホシザキ電気の地は、義元討死の地「豊明の古戦場」の南である。

「信長公記」を見てみると、「首巻比較表」の三七番に、

「旗本は是なり。是へ懸れと御下知あり。未刻**東へ向てかゝり給ふ**」

と**東に**向かって攻め立てたと記述してあり、これと異なる。

方角を知ることは、当時の侍にとって時刻を知ることと同様に重要なことだった。

味方と待ち合わせる時、あるいは敵を待ち伏せし攻撃する時に、場所を間違えないために正確な方角を知ることは、己の命を守るために極めて重要であった。

現在でも簡易なやり方として、

(時計の短針を太陽の方角に合わせ、時計の文字盤の一二時の位置と短針の位置との真ん中の方向が南になるという風に)、

太陽の位置から時計を使って南を見付ける方法が知られている。

当時何らかの方法、おそらく太陽の位置により、戦国時代の侍たちは、方角を確認していたに違いない。

「桶狭間の合戦」における太田牛一の記述する方角は、正しいと認識すべきである。

そして「武徳編年集成」に、信長が桶狭間山に攻め上った時の今川軍について、次のような記述がある。

「駿河勢周章し　失火か喧嘩か叛逆裏切かとひしめき崩る」

今川軍はあわてふためいて、火事か兵たちのけんかかそれとも裏切りでもあったかと、騒いでいたという。

信長がここへ攻めてくるとは、誰も夢にも思っていなかったのである。

更に「三河物語」は、その時の今川義元について、次のように記述している。

「義元は其をば　しり給わずして、べんとうをつかわせ給ひて、ゆくゆくとして御給いし処に、車軸の雨がふり懸かる」

義元は信長の来襲を知らず、弁当を食べているところに、車軸の雨が降ってきたという。

「信長公記」に、

「中嶋砦に居た佐々隼人正・千秋四郎の二人の部将が、今川軍と戦い全滅したのを見た義元が、『義元が矛先には天魔鬼神もかなわないだろう。心地よし』

と喜んで、ゆるゆると謡をうたい陣を据えていた」

と記述されているが、このような義元の言動及び行動があったとは思われない。

今川軍に対する「信長公記」の記述内容には、注意が必要であると考えられる。

それよりは、「武徳編年集成」及び「三河物語」などの方が、今川軍の行動・感じ方に関して真実に近いのではないか。

要するに、今川義元を始めとして今川軍は誰一人として、信長が攻めてくるとは思っていないのだから、信長が義元本陣を見付けた時、今川義元は本陣の近くにいたに違いない。

信長が本陣に近付いてから、今川義元は逃げ始めたと考えるべきである。

とすると、信長軍は今川義元の旗本を見付けてから、**東に向かって攻め掛った**のだから、今川義元本陣は義元が討死した「豊明の古戦場」の西でなければならない。

その西には何があるのか。

ホシザキ電気の北西、二つの古戦場の真ん中辺りに、「中部電力大高北刈谷線第十号鉄塔」が立っている。

ここはホシザキ電気の地から豊明市道を越えた向こう側にある小高い丘で、見晴らしもよく、その北は急斜面で北から攻められるおそれは少ない。

徳川義直が父家康の功業を留めておくために編纂した「成功記」には、

「五月十七日今川義元四万余騎を率い参州池鯉鮒に至る　中略　是《ここ》において先軍を十町の外に出して　**桶峡之山北に陣す**」

と記されている。

また山崎真人の「桶狭間合戦記」には、次のように記述されている。

「神君少しも動転し給わず、　略　右三人**桶狭間山の北の松原**に至て、今川の陣跡を見るに壱人も生きて出合う者なし、夜中なれば、死骸を探り見るに、残らず東へ倒れ首はなく骸《むくろ》多し」

神君家康が今川義元の討死の真偽を確かめるため家来を派遣した時、桶狭間山の北の松原に今川の陣跡があり、死骸は残らず東に倒れていたという。

文化六年五月に津島の神主氷室豊長が建てた「弔古碑」にも、

「永禄三年駿侯征西五月十九日**桶峡の山北に陣す**　織田公奇兵を以て之を襲い　駿侯義元を滅す」

と刻されている。

小島広次氏（今川義元）も、

「……の文献の記述から、**義元本陣は桶狭間山の北**ということになる」

と主張している。

今川義元は桶狭間山の北に本陣を構えていた可能性が高い。

この「中部電力大高北刈谷線第十号鉄塔」は、この辺りの桶狭間丘陵の最北端に位置している。

智多郡は、古くは平安末期から良質な陶土を生かした常滑焼の産地であり、多くの木材を使用するため、山の木が多く伐採されたと思われる。

桶狭間丘陵は、そのため大軍が布陣するのにふさわしい、あまり木の生えていない丘陵地になっていたのではなかろうか。

第十号鉄塔の北の愛知用水

第十号鉄塔

第十号鉄塔の北の愛知用水

第十号鉄塔の北側の急斜面から第十号鉄塔を望む
ここから敵に攻められるおそれは少ない。

今川の兵たちは、その桶狭間丘陵のどこを義元本陣にしようと考えたであろうか。

義元公には気持ちよく食事をしてもらうことができて、かつ見晴らしのよい場所を選ぶであろう。敵から襲われるなどとは思いも寄らない。

「伊東法師物語」にあるように、桶狭間に陣を作ったのであるが、ホシザキ電気の地はあまりにも広過ぎて、準備が大変である。

ここは兵たちの布陣する場所として使用し、義元本陣はこじんまりとまとまっている、見晴らしの良い「第十号鉄塔」の地であった、と私は推理する。

そうすると、大軍が布陣する桶狭間山に、大軍がいないかのような戦い方の説明がつく。

義元本陣は、今川の大軍と豊明市道で区切られた北側の見晴らしの良い「第十号鉄塔」の地であったに違いない。

しかしそれだけで、信長があれだけの大勝利を収められたわけではない。

信長は決してあれほどの大勝利を予想していたわけではない。

一方義元は、どんな大失敗を「桶狭間の合戦」で犯したのか。

義元に失策は無い。

「信長公記　天理本」そして「伊東法師物語」に記載されているとおり、信長軍を寡兵とはいえ、なめることなく、見晴らしのよい桶狭間山にさすが名将という大軍の陣を敷き、義元本陣の西側の下には、兵たちを揃えて段々の陣を敷いたのである。

義元にミスはない。

しかし絶妙手・ファインプレーもない。

義元はミス無く普通に攻めれば勝てる、と思っていた。

ところが、相手はただの名将ではなかったのである。

信長は勝てると信じていたわけではないが、多少の勝つ可能性が有ることを「甲斐の桶狭間の合戦」で知っていた。

降伏したくなかった信長は、その可能性に賭けたのである。

四千の全軍で桶狭間山を攻め上ると、動きが鈍くなり、今川軍も攻めてくることを察知し、四千対二万の戦いとなってしまうが、二千だとまさかその小勢で桶狭間山を攻め上るとは誰も予想だにしない。

名将が見晴らしの良い桶狭間山に陣取る今川の大軍に対して、寡兵でもって白昼堂々と攻め上る、と考える者がいるだろうか。

日本の歴史において、それ以前も、大成功を収めた「桶狭間の合戦」の後も、誰もまねすることのなかった空前絶後の奇襲戦法であった。

信長は恐くはなかった。それが己の宿命と思い定めた。

義元の本陣を知っていた信長は、真一文字《まいちもんじ》に桶狭間丘陵の山際から「第十号鉄塔」の地へ向かった。

信長直属軍は信長に命を預け、信長に従った。

その時、最早《もはや》死を超越し、人事を尽した信長に、

「天は自ら助くるものを助く」

と、いうことが起こった。

それが「桶狭間の合戦」の死命を制した雷雨である。

まさにこの時この場所に、この歴史的にものすごい雷雨が桶狭間山に降り注ぎ、豊明市道の地を泥沼の川と化し、今川義元と今川の大軍を分断した。

豊明市道が舗装されるまでは、少しの雨でも大いにぬかるんだといわれるこの道は泥の川となり、人が通れなくなった。

そしてこの豊明市道の北側の今川本陣には、義元の旗本たちが総大将の警護に備えていたが、段々の陣の兵を合わせても、信長軍の二千より少なかったのではないか。

雨が上がって空が晴れて、ホシザキ電気の地に布陣していた今川の大軍は、信長の来襲に気が付いて、義元を助けようと必死になったが、すぐに駆け付けることができなかったのである。

信長は、「すは　懸かれ」、と大音声を上げた。

生きて帰ろうとも思わず、死ぬことも忘れ、死を超越し、火の玉となった信長と信長直属軍は、今川軍の段々の陣へ突入していった。

その時の今川軍の様子を「信長公記」では、次のように表現している（「首巻比較表」三五番参照）。


「**水をまくるがごとく後へ　くわっと崩れたり**」


そして義元本陣に近づいた信長は、ついに今川義元の旗本を見付ける。

「旗本は是なり。懸れ懸れ」

と、信長は下知する。
そして未刻**東へ向かって攻め立てた**。
義元の旗本は初め三百人だったが、信長軍と激戦し、双方死に物狂いの死闘を演じ、信長軍も多大な損害を被ったが、義元の旗本は五十人に減り、ついに義元は服部小藤太の槍で突かれ、毛利新介に首を取られた。

文化人として、武将として、また政治家としても一流であった今川義元は、織田信長なかりせば、日本の戦国時代を代表する名将になったであろう。

米国の哲学者ウィリアム・ジェイムス氏は、その著書「プラグマティズム」の中で、英国の批評家ギルバート・ケイス・チェスタトン氏が、「異端者」という論文集の序文で述べている考えと意見を同じくすると言っているが、それを現代風に解説すると次のようになる。

「賃貸マンションのオーナーが、入居者の収入を知ることは重要なことではあるが、それにもまして重要なのは、入居者の哲学を知ることである。

まさに敵と矛を交えようとする武将にとって、敵の軍勢（兵力）を知ることは重要ではあるが、しかし敵の武将の哲学を知ることの方がより一層重大なことである、と我々は考える」

今川義元は織田信長の哲学を知り得なかったために、今川義元の人生に画竜点睛を欠いてしまった。

「人間五十年、下天《げてん》の内をくらぶれば、夢幻のごとくなり、一度生を得て滅せぬ者のあるべきか。死のうは一定《いちじょう》（死ぬのは決まっていることだ。生きている内に何をなしたかが重要だ）」

あとがき

「桶狭間の合戦」における勝因は、信長の長年にわたる血のにじむような努力と創意工夫だと思うが、更に重要な勝利を決定付けた要因は、まさにその時、桶狭間山に降り注いだ雷雨である。

これは一体何であろうか。

歴史の大きな転換点において、他にも同様な事象が起っている。

それは幕末動乱期の、天下分け目の合戦となった「鳥羽伏見の戦い」において、幕府軍に向かって吹いた**北風**である。(明治維新の北風)

「鳥羽伏見の戦い」について、諸先輩の研究を紹介したい。

経済評論家兼作家の神長倉眞民《かなくらまさみ》氏は、その著書「仏蘭西公使ロセスと小栗上野介」において、次のように述べている。

「あの時に幕府側が負けたのは、全くもって不思議な位だ。薩長の兵も強かったろうが、幕府方だって弱くはなかった。

会津の兵などはとても凄《すご》い戦争をしているが、それでいて結局まけた。

それにはいろいろ原因もあるが、一つには、あの戦争のあった二、三日、とてもひどい風が吹いていたからだ。

あの時は、暮の大晦日から雪が降って、元旦にはあの辺り一帯の銀世界、その雪をなめた肌を刺すようなやつが、京都に向かって進んで行く幕軍の、真正面から吹き付けてきたのだ。

それが四日のお昼頃からは、とても強くなって、眼も口も開けることもできなかった。

幕軍の方は、眼を閉じて、めくら打ちに鉄砲をうったという位だから、思うように働けない。

民家へ火をかけると、煙がこっちへかぶさって来て、前方はちっとも見えない。まごまごしているところをポンポン撃たれるので、結局まけた。


世の中には、往々にして、人意をもって測り知るべからざる現象がある」


また神戸大学文学部教授を経て、文芸評論家となった野口武彦氏は、その著書「鳥羽伏見の戦い」で、次のように同様の論を展開している。

『いつの頃からか、「歴史にイフはない」というたわごとがまかり通っている。

この言葉は、どこの誰が言い出したのか出所不明なのである。

歴史は大小の決断の連続であり、無数のイフの群れが相互排除的にひしめき、最後にその一つが他のすべてを押し退けて場所を占める瞬間瞬間の持続である。歴史はイフの連鎖で成り立っている。

もし旧幕府軍先頭の歩兵隊が銃に弾丸を籠《こ》めていたら、戦況はどうなったか。

もし連日旧幕府軍の正面から強い北風が吹き付けなかったら、戦局はどう変わっていたか。

慶応四年正月三日午前、京都鳥羽街道で旧幕軍は、「徳川慶喜公が朝廷のお召しで上京する先供《さきとも》で

ある」として、鳥羽口付近を守備する薩摩藩に通行を迫ると、

「京都に問い合わせてみるから、返事がくるまで、しばらくお控え下さい」

と、応じられた。

「返事はきたか」

「まだでござる」

との繰り返しが続き、午後五時頃しびれを切らした旧幕軍は、むりやり押し通ろうとして戦端が開かれた。

戦は上洛して後のこと、と考えていた旧幕軍は、銃に弾を込めておかず、二列縦隊で強硬通過しようとした。

一方初めから戦の口実を待って、戦備を整えていた薩摩軍は、合図のラッパを聞くや、旧幕軍の横っ腹へ大砲・小銃をぶっ放した。

自分から罠の中へ踏み込んだ形になった旧幕軍は、右往左往に立ち騒ぎ、蜘蛛の子を散らすがごとくに逃げうせた。

その時の両軍の兵力を比較してみよう。

新政府軍は、薩摩軍三千名、長州兵千名。大砲十八門である。

旧幕軍は、徳川歩兵六千名、会津、桑名、高松、大垣、伊予松山藩兵を加えてほぼ一万名だが、この内に薩長の先込銃の何倍も速く充填できる元込銃を備え訓練された、フランス伝習兵八百名が含まれていた。大砲は十八門有り、更に大阪城に後詰めの五千名が控えていた。

不意を打たれた旧幕軍だが、兵力差がある。

その時見回組の面々が、浮足立った歩兵を叱咤激励して、辛うじて敗走を食い止め、士気の高い桑名藩砲兵隊が砲弾を連発して、薩摩の一方的な攻勢を食い止めた。

この時フランス伝習兵が殿軍を務め、善戦しているようである。

そして旧幕軍もそのままでは引き下がらず、何度も反撃を試みたが押し戻され、下鳥羽に引き下がった。

伏見街道でも午後二時頃から関門を

「通過させろ」

「させない」

の押し問答が始まっていた。

午後五時頃、鳥羽方面からの砲声を合図に激戦が始り、新選組・遊撃隊が白刃を閃かせて躍り出た。

新政府軍は小銃を打って、接戦に持ち込ませない。

新選組等は畳を立て並べて弾丸よけにして防ぐ。その内、両軍銃砲の猛烈な撃ち合いとなった。夜に入ったが、いつ果てるとも知れぬ激戦は続く。

会津藩林権助大砲隊の活躍もあったが、薩摩軍は伏見奉行所の建物と市街に火を放った。そのため旧幕軍は背後から燃え盛る火光に照らし出され、薩摩兵の狙撃の好餌になった。

伏見においても旧幕軍は、中書島まで後退した。

戦闘第二日目の正月四日の早朝、鳥羽街道には朝霧が深く立ちこめていた。

この日の戦闘は、まだ霧の濃い時間から始まった。

旧幕軍の側から仕掛けたのであるが、霧の晴れた頃から薩軍の反撃が始まり、米俵で作った俵陣地に籠る旧幕軍と銃撃戦を展開した。この時旧幕軍の指揮官佐久間近江守と窪田備前守が敵弾に斃《たお》れた。旧幕軍は下鳥羽から富の森の酒樽陣地に後退し、そこから淀方面に退却しようとした。勇躍して追撃する薩長軍に対して、会津・大垣の槍剣隊が茂みから不意に立ち上がり切り込んだ。

思いがけぬ反攻で、薩長軍は下鳥羽まで後退した。

なぜかこの時、大勝に乗じて追撃すべきなのに、旧幕軍は変に自重してしまった。

戦闘第三日目の五日の早朝、官軍の征討将軍宮は錦旗を押し立てて、鳥羽街道を南下し、淀近くまで進向し、伏見を巡見し東寺に帰還した。

この五日も激闘が繰り広げられたが、錦旗の登場もあり大勢は決していた。』

「鳥羽伏見の戦い」、その時に吹いた北風について、その風が半端ではなかったことについて、旧幕軍の兵糧方の指揮を取って戦場に踏みとどまり、弾雨の中で米飯を炊き続けていた坂本柳佐の証言が、「史談会速記録」に次のように載っている。
「実に酷《ひど》い北風が起りまして、四日の夕からして五日の朝と申しまするものは、甚だしき暴風の為徳川の兵士は　十分の働きは叶いません。　略
第一に京師の方を向きましては　目を明いておられません風です。
北風が盛んでありました。　略

何でも役に立ったは伝習隊だけでござりましたと思います。　略

五日の朝は例の北風で眼へ砂が入って　眼を明いて居る者が唯の一人も無い、それが五日六日と十日まで吹きました、十日には天保山沖から風のために開陽丸へ乗り移るには大層な苦しみを致しました。　略

一体戦を致しまするという腹の者は　陸軍の者も会津桑名に見回り組だけで、その他の者は戦は起らんものと思っておりました。　略

幕府の方では会津桑名が主で、それに鉄砲の有りませんのと、私共実地に見まするところでは、彼の風が十中の六七は官軍を助けているだろうと思います」

明治政府は、幕末維新の動乱の事実を細大もらさず記録することを目的とした「史談会」を設立して、薩摩・長州・土佐・水戸家及び三条・岩倉公を中心に、その後広く諸家に呼び掛けて、幕末維新時代を駆け抜けた当事者から聞き取りを行なった。

後にその規模を拡大して、明治・大正・昭和の長きにわたって、毎月数名の者からその体験・見聞の談話を速記した「史談会速記録」を刊行して後世に残したのである。

また明治維新における長州藩の動静を記述した「防長回天史」にも、

「四日天寒く風亦いよいよ加わる」、と記されている。

また新選組の「島田魁日記」にも、

「九日、風が悪く、逗留した。十日、出帆しかねて、小舟に乗り、天保山沖の富士山艦に乗り込む」とある。

「鳥羽伏見の戦い」の時に、北風は吹いたとみてよいと思う。

時代の大きな変わり目において、天が自然の形を借りてその意思を表したのだろうか。

◇因果応報

因果応報《いんがおうほう》とは、仏教の教えで、原因が有ると必ずその結果が現れる。

逆に結果に対しては、必ずその原因が有るという宇宙の理《ことわり》であるといわれる。

一般的にはどう理解されているだろうか。

おおむね原因が有れば結果が生じるし、おおむね結果に対しては、その原因があるのだろう、という理解であると思う。

しかしこれは因果応報ではないと思う。

因果律は百%なのである。

原因が有れば百%その結果を生じ、結果が有る時には百%その原因が有る。

ところが、現実に我々の身辺に起る現象を見てみると、因果応報でないことが有るように思われる。

私はこの因果応報は果たして正しいのだろうか、と若い頃からずっと考えてきました。

あまり努力をしなくても出世し、また成功している人がいる。

人の見えないところで、本当は血の滲む努力をしているというのではなく、正真正銘わずかの努力で、かつさほど実績を上げていなくても、成功をつかんでいる人が現実に多数存在している。

一方、懸命に努力し、実績を積み、能力も有るが、なぜか出世もできないし、事業に失敗する多くの人がいることも、この世の現実である。

因果応報は正しくないのではないか。

間違っているのではないか。

そうした疑問がずっと胸の中に、くすぶっていました。

年を取って、いろんな苦労を経験している内に、ある時、こういうことかと思い至ったのです。

仏教には輪廻転生《りんねてんしょう》という教えも有ります。

目先のことに囚《とら》われているから、違うように見えるだけなのだ。

努力しなくても成功する人は、実は前世で徳を積んでいたのだ。さもなくば、来世につけを回しているのだ。

逆に努力し、能力もあり、実績を上げても成功しない人は、前世で悪行を重ねていたのだ。

ないしは、来世に徳を貯金しているのだ。

現世だけに目を奪われず、前世・前々世・現世・来世と通算すれば、因果応報なのである。

(これ以上悪くなりようがないから、ほったらかしておこう。または、もう死ぬほど苦しいからこの世とおさらばしようとしても、来世でそのつけが回る)

こう考えれば、論理的に「**百%因果応報である**」というのは正しい、という説明ができる。

そうか、そういうことだったのかと気が付き、今では因果応報は宇宙の理である、と私は確信しています。

しかし、「因果応報が正しいのか、間違っているのか」を人間が証明することはできません。

◇是非《ぜひ》に及ばず

信長は長く続いた戦乱の世を終わらせるため、「桶狭間の合戦」を出発点として、天下統一の道を歩み始めるが、徹底的に議論をして、そして議論を尽くして、天下統一ができるわけではなく、中世を維持しようとする抵抗勢力を武でもって抑え込み、近世の扉を開けていく。

その過程において、中世の権威にしがみつき、新しい世の到来に反対する多くの人々の命を奪った。平和な世を作るためであったとしても、人の命を奪うことは、人には許されないことである。

信長の感性は、「因果応報」の理《ことわり》を感得していたのではないだろうか。

天正一〇年六月二日明け方、ただならぬ外の物音に、信長は、

「これは謀反か、いかなる者の企てぞ」、と仰せられた。森蘭丸は、

「明智が者と見え申し候」

と、言上した時の信長の言葉が、歴史に残された。

「**是非に及ばず**」

砦の機能を備えた本能寺といえども、百人程の人数で万を超える大軍に対抗できるものではありません。

しかも相手は名将明智光秀である。

逃げ延びる策もあるまい。

私は若い頃、この時信長は瞬時に自分の運命を悟り、それが「是非に及ばず」という言葉となってつぶやいたと思っていました。

しかし、近年私には天才信長は、「因果応報」という宇宙の理《ことわり》を感得していたのではないかと思われる。

信長は、「天下布武」という自分に与えられた宿命を果たそうとした。

しかし、**そのため多くの人々を殺《あや》めた報いが今出現したか、自分も「因果応報」の理から逃れられなかったか。**

そう思った時、信長の脳裏をよぎったのが、

「是非に及ばず」

というつぶやきではなかったかと思えてならない。

参考文献

「桶狭間古戦場調査報告書（名古屋市教育委員会）」
「異説・桶狭間合戦」、「桶狭間・信長の奇襲神話は嘘だった」、「信長の戦国軍事学」（以上藤本正行）
「新説桶狭間合戦」、「再考桶狭間合戦」（以上橋場日月）、「織田信長のすべて（岡本良一・石田善人）」
「織田信長民姓国家実現への道」、「桶狭間の戦い」（以上濱田昭生）、「信長（秋山駿）」
「信長の天下布武への道」、「織田信長合戦全録」（以上谷口克広）、「桶狭間古戦場を歩く（高田徹）」
「今川氏の尾張進出と弘治年間前後の織田信長・織田信勝（村岡幹夫）」
「湖西のみち（司馬遼太郎）」、「信長（桐野作人）」、「信長とは何か（小島道裕）」
「信長記と池田氏解題（石田義人）」、『太田牛一「信長公記」成立考（田中久夫）』
「安土城の研究（内藤昌）」、『「信長公記」の作者太田牛一の世界（岩沢愿彦）』
「信長記の大研究（桐野作人・和田裕弘）」、「内閣文庫蔵原本信長記について（太田次男）」
「太田和泉守牛一雑記（松田亮）」、「織田信長文書の研究（奥野高宏）」、「雑兵たちの戦場（藤木久志）」
「尾張の天王信仰」、「津島神社紀行」、「尾州津島天王祭記」、「津島市郷土研究」
「戦国・織豊期の徳政（下村信博）」、「楽市論（安野眞幸）」、「甲斐中世史と仏教美術（中村榮）」
「回想の織田信長（松田毅一、川崎桃太）」、「キリシタン研究（松田毅一）」、
「武田信虎のすべて（柴辻俊六・童門冬二・黒田基樹・秋山正典・平山優・平野明夫・数野雅彦・丸

島和洋・須藤茂樹・島津隆子・鈴木将典）」
「武田信玄」、「新編武田信玄のすべて」、「武田信玄合戦録」、「武田信玄大事典」、「甲斐武田一族」（以上柴辻俊六）、「武田氏の研究（柴辻俊六・佐藤八郎）」
「甲府の歴史」、「武田二十四将伝」（以上坂本徳一）、「甲斐武田氏（上野晴朗）」
「戦国大名武田氏の研究」、「戦国大名の日常生活」、「戦国時代の民衆たち」、「武田信玄」（以上笹本正治）、「武田信玄（平山優）」、「武田信玄伝（広瀬広一）」、「定本武田信玄（磯貝正義）」
「武田信玄と勝頼（鴨川達夫）」
「武田二十四将（武光誠）」、「武田信玄（八巻興志夫）」、「武田家臣団（近衛龍春）」
「戦国武田の黒川金山（大藪宏）」「、甲斐国の板碑（持田友宏）」、「甲斐の名刀（斉藤開三）」
「今川義元」、「戦国今川氏」、「今川家臣団の研究」、「今川氏の研究」、「駿河今川一族」、「織田信長」、
「桶狭間の戦い」、「風雲信長記」、「集中講義織田信長」、「戦国軍師の合戦術」（以上小和田哲男）
「今川義元」、『牛一本「信長記巻首」の性格について』（以上小島広次）
「戦国大名今川氏と領国支配」、「義元の領国経営」、「戦国大名今川氏の海事支配について」（以上久保田昌希）、「花蔵の乱の再評価（前田利久）」
「今川義元」、「今川義元の生涯」、「今川義元 - 氏真の代替りについて」（以上有光友学）
「駿甲関係にみる時衆と福島氏（吉田政博）」、「駿河の今川氏（大久保俊昭）」、
「今川氏の甲斐侵攻（見崎闕雄）」、「戦国大名と天皇（今谷明）」
「今川氏の水軍に関する覚書（酒井貞次）」、「今川氏の武将たち（土屋重朗）」

「上杉謙信（井上鋭夫）」、「歴史群像北条五代」、「戦国城下町岐阜（松田千晴）」
「鳥羽伏見の戦い（野口武彦）」、「仏蘭西公使ロセスと小栗上野介（神長倉眞民）」、「史談会速記録」
「幕末動乱の記録（八木昇）」、「防長回天史」、「島田魁日記」
「武田氏研究」、「甲斐路創立三十周年記念論文集」、「戦国史研究」
「山梨のいしぶみ（山梨日日新聞社）」、「日本戦史（大日本帝国陸軍参謀本部）」
「愛知県史」、「名古屋市史」、「有松町史」、「豊明市史」、「津島市史」、「緑区誌」、「熱田区誌」、
「清洲町史」、「瀬戸市史」、「甲府市史」、「山梨県史」、「都留市史」、「敷島町誌」、「神奈川県史」、
「静岡県史」、「愛知県歴史の道調査報告書」、「日本文化の歴史」、
「信長公記（天理本）」、「織田記（尊経閣文庫本）」、「信長公記（陽明文庫本、奥野高広、岩沢愿彦）」
「信長公記（町田本、戦国史料叢書・史籍集覧）」、「信長公記（中川太古・現代語訳）」
「信長公記奥書（池田本）」、「信長記（小瀬甫庵）」
「伊東法師物語」、「桶狭間合戦記（梶野孫三郎）」、「桶楸間合戦記（山澄英龍・山崎真人）」
「織田軍記（総見記）」、「老人雑話」、「備前老人物語」、「道家祖看記」、「武家事紀」、「張州府志」
「甲子夜話」、「常山紀談（菊池真一編）」
「勝山記と原本の考証（流石奉）」、「妙法寺記」、「塩山向岳禅庵小年代記」、「一蓮寺過去帳」
「王代記」、「高白斎記」、「遊行廿四祖御修行記」、「甲州古文書」、「甲陽軍鑑（吉田豊編訳）」
「甲陽軍鑑（磯貝正義・服部治則校注）」、「武田三代軍記」、「景憲家傳」、「甲斐國志」
「戦国遺文武田氏編」、「史料綜覧」

「今川記」、「松平記」、「原本三河物語（中田祝夫編）」、「武徳編年集成」、「水野勝成覚書」、「當代記」
「名古屋合戦記」、「成功記」、「三河後風土記正説大全（中山和子）」、「改正三河後風土記」
「上杉家御年譜」、「関八州古戦録」、「言継卿記《ときつぐきょうき》」、「続日本紀」、「宇津山記」、「譜牒余録」
「国史大辞典」、「戦国人名辞典」、「戦国人名事典」、「山梨百科事典」、「織田信長事典」
「日本国語大辞典」、「日本地名大辞典」、「日本キリスト教歴史大事典」、「くずし字用例辞典」

町田本	尊経閣本	天理本
同左	同左	同左
年 表記無	年 表記無	(改行して)天文十五年丙午
年 表記無	年 表記無	(改行して)天文十六年丁未
同左	歴々五十計討死	家の侍五千計討死也
年 表記無	年 表記無	(改行して)天文十七年戊申
年 表記無	年 表記無	(改行して)天文十八年己酉 公の一六才に
年 表記無	年 表記無	(改行して)永正六年己己
同左	同左	正龍寺
(別行)同左	(別行)同左	(注書)永禄元年戊午十九、 四月十七日織田上総介信長廿五之御歳
同左	同左	同左
同左	同左	藤江九蔵・安孫子右京・木村源五・真木孫市・芝崎孫三・浅野孫八
同左	同左	陽明本に同じ
(欄外注記)正月廿四日 弘治二年也	陽明本に同じ	陽明本に同じ
同左	同左	信長堀端に御座候て 鉄砲にて狭間三ツ御請取りの由仰せられ 鉄砲取かへゝ打せられ 上総介御下知成らせられ候の間
同左	同左	同左
同左	同左	同左
(別行)同左	(別行)同左	(別行)同左
同左	同左	上総介信長大音声を上げ御怒なされ候を見申し 御内の者共に候間 御威光に御恐れ立ちとどまり候て終に逃崩れ候
同左	同左	信長公林美作をつき臥せ、首をとらせられ、御無念を散ぜられ
記述無し	記述無し	信長公林美作首をば御足にて、けさせられ候也
同左	同左（但し有難くの文言は無し）	上総介信長公は天人之御仕立 小鼓を遊ばし、女踊をなされ候 略 津島五十村之年寄共踊之返しを仕候 略 忝次第難有皆感涙をながし罷帰候き
同左	同左	文体にまとまりの無さが感じられ、陽明本等と大幅に相違し、「桶狭間の合戦」の後に記述されている。
同左	同左	信長公この頃は、討死される事を御胸中に登ると相聞こえ 舞には 敦盛小歌には死のふは一定 しのび草には何をしよぞの一定かたりをこすよの
同左	太田又助、已上無し	記述無し
同左	同左	信長公この頃は 討死される事を御胸中に登ると相聞こえ

首巻比較表

NO	項目	陽明本
1	若き信長天王坊で学ぶ	天王坊と申す寺へ御登山なされ
2	吉法師殿十三之御歳の年表記	年　表記無
3	信長御武者始の年表記	年　表記無
4	天文16年織田信秀は美濃に攻入り、斎藤道三と戦い敗北した。その時の戦死者の数	歴々五千ばかり討死なり
5	平手清洲衆と和約成らずの時の年表記	年　表記無
6	犬山衆謀反の時の年表記	年　表記無
7	備後守が病死した時の年表記	年　表記無
8	天文22年に信長が斎藤道三と会見した寺	正徳寺
9	三之山赤塚合戦の年表記	(本文)天文弐十弐年癸丑四月十七日織田上総介信長廿五之御歳
10	天文23年に尾張守護斯波義統の嫡子若武衛が信長を頼って来た時	信長は二百人扶持仰付けられ若武衛を天王坊に置き申され候
11	天文23年柴田権六清洲城攻撃時のあしがる衆	安孫子右京亮・藤江九蔵・太田又助・木村源五・芝崎孫三・山田七郎五郎
12	天文23年1月村木砦攻撃のため船出する時の信長の発言	昔の渡辺・福嶋にて逆櫓争う時の風も是程こそ候らめ
13	村木砦攻撃の年表記	年　表記無　(本文)正月廿四日
14	村木砦の狭間を鉄砲で攻撃した	信長堀端に御座候て、鉄砲にて狭間三ツ御請取りの由仰せられ、鉄砲取かへゝ放させられ、上総介殿御下知なさるる間
15	同上村木砦攻撃の後本陣に戻り、部下の働きや戦死者に対して信長の感じた様子	それもそれもと御諚なされ、感涙を流させられ候なり
16	弘治2年林美作守信長を謀殺せんとする時佐渡守の発言	三代相恩の主君をおめおめと　ここにて手に懸け討申すべき事、天道おそろしく候
17	弘治2年稲生合戦の年表記	(本文)弘治弐年丙辰八月廿四日
18	弘治2年稲生合戦時　信長剛毅なる大声で敵を叱る	上総介殿大音声を上げ、御怒りなされ候を見申し、さすがに御内の者共に候間、御威光に恐れ立ちとどまり、終に逃崩れ候き
19	同上稲生合戦時、林美作を討ち取る	信長、林美作をつき臥せ、首をとらせられ、御無念を散ぜられ
20	同上首実検の時　信長は美作の首を蹴飛ばす	記述無し
21	信長が津島の豪族堀田道空の屋敷で踊りを披露し、その後津島の年寄り達が踊りの返礼をした	上総介殿は天人の御仕立に御成り候て、小鼓を遊ばし、女おどりをなされ候。 略　津島五ケ村の年寄共おどりの返しを仕候。 略　忝き次第有難く皆感涙をながし罷帰り
22	天沢長老物語	まとまった文体で、「桶狭間の合戦」の前に記述している
23	信長の人生観及び「桶狭間の合戦」に臨む気持ち	死のふは一定、しのび草には何をしよぞ、一定かたりをこすよの
24	六人衆という事定められ	弓三張の人数、浅野又右衛門・太田又介・堀田孫七已上
25	今川義元との戦いを思案して	御国の内へ義元引請けられ候の間、大事と御胸中に籠り候と聞へ申候なり

別行)同左	(別行)同左	(本文 年表示無)五月十七日
同左	同左	其夜の御はなし戦のてだて御談合、是非において国境にて御一戦遂げらるべく候、 寄地へ踏逃げられ候ては有に甲斐無しとの御存分也
同左	於ヶはさ間山に	御敵今川義元人数四万五千にて、於けばさ間山に
同左	同左	(本文 年表示無)五月十九日午刻 戌亥に向て段々に人数を備
死し以外同じ	陽明本に同じ	佐々隼人正・千秋四郎二首山際迄懸向れ候 今川義元人数どっと懸り来て槍下 にて佐々隼人正千秋四郎初めとして三十騎ばかり討死候
同左	同左	家臣の林・平手・池田・長谷川・花井・蜂屋御轡の引手に取付候て
同左	同左	一切分捕たるべからず。戦に勝ぬれば此場へ乗ったる者家の面目 末代の高名也。唯励むべし
同左	森小助以外同じ	前田又左衛門・木下雅楽助・中川金右衛門・毛利河内・毛利十郎・佐久間弥太郎 此等の衆
同左	同左	山際迄懸られ候処に 俄に大雨石氷を投打つ様に敵のつらに打付て 略 沓懸の到下(とうげ)の 婦たかひ 三かひの楠之木 雨に東へ降倒る
同左	同左	水を間くるがことく後へ くわっと崩れたり
別行)同左	年 表記無	陽明本に同じ
同左	同左	旗本は是なり。懸れ懸れと御下知有。未刻東へ向て懸り給ふ
同左	同左	服部小藤太、義元に懸り合
同左	同左	同左
同左	同左	頭数三千五百余在
同左	同左	同左
分捕以外同じ	陽明本に同じ	陽明本に同じ
記述無し	記述無し	義元を大事之敵と思召候か 義元うたせられ候て 其後小歌之御沙汰無之候之事
本文)同左	(本文)同左	(別行)天文廿二年癸丑四月上旬
同左	同左	同左
同左	同左	小池吉内・平美作・近松田面・宮川八右衛門・野木次左衛門・青木加賀右衛門
同左	同左	六人の衆難儀(なんぎ)の仕合(しあわせ)にて候也
同左	同左	究竟(くっきょう)の侍首数 千百余あり
本文)同左	(本文)同左	(別行)同左
同左	同左	織田上総介信長、奇特なる御分別是在
同左	同左	太田又介高き家の上に上り、もた矢もなく射付候を、信長御覧じ、見事を 仕たると、三度迄御使に預り、御感の余り冥加の望面目これに過ぐべからず

26	今川義元沓懸へ参陣	(別行)天文廿一年壬子五月十七日
27	桶狭間前夜の軍議	其夜の御はなし、戦のてだてはゆめゆめこれなく色色世間の御雑談迄にて、既に深更に及ぶの間帰宅候へと御暇下さる。家老の衆申す様運の末には智恵の鏡も曇るとは此節なり
28	義元桶狭間山に布陣	御敵今川義元は四万五千引率し、おけはざま山に人馬の息を休めこれあり
29	義元戌亥に向かって段々の陣を敷く	(本文)天文廿一壬子五月十九日午剋　戌亥に向て人数を備へ
30	信長が善照寺へ御出でを見申した時、二将が今川軍に攻め込み全滅する	佐々隼人正・千秋四郎二首、人数三百ばかりにて　義元へ向て足軽に罷出で候へば、どっとかかり来て、槍下にて千秋四郎・佐々隼人正初めとして五十騎ばかり討死候
31	善照寺砦から中嶋砦へ移ろうとする時	家老の衆御馬の轡の引手に取付き候て
32	中嶋砦から桶狭間山に攻め上ろうとする時信長檄を飛ばす	分捕をなすべからず、打捨たるべし。戦に勝ちぬれば此場へ乗ったる者は家の面目、末代の高名たるべし。只励むべし
33	上記御諚の処に前田又左衛門等が駆け付ける	前田又左衛門・毛利河内・毛利十郎・木下雅楽助・中川金右衛門・佐久間弥太郎・森小介・安食弥太郎・魚住隼人
34	桶狭間山に攻め登る時、急に雷雨が降り注ぎ、沓掛の峠の楠の大木東へ倒れる	山際迄御人数寄せられ候の処、俄に急雨(むらさめ)石氷を投打つ様に敵のつらに打略　沓懸の到下(とうげ)の松の本に、二かい・三かいの楠の木、雨に東へ降倒るゝ
35	空晴れて、桶狭間山を攻め登る時	水をまくるがごとく後ろへ　くはっと崩れたり
36	義元の旗本を見付けた時の年表記	(別行)天文廿一壬子五月十九日
37	義元を東に攻める	旗本は是なり。是へ懸れと御下知あり。未刻東へ向てかゝり給ふ
38	服部小藤太、義元に懸かり合う	服部小平太、義元にかゝりあひ
39	「桶狭間の合戦」時の伊勢海賊衆の動き	河内の二の江の坊主、うぐいらの服部左京助、義元へ手合わせとして、武者舟千艘ばかり、海上は蜘蛛の子をちらすがごとく
40	翌日の首実検の時の敵の首数	頸数三千余あり
41	「桶狭間の合戦」の戦死者への供養	義元塚とて築かせられ、弔のためにとて千部経をよませ、大卒都婆を立置き候らひし
42	「桶狭間の合戦」の戦利品	今度討捕に、義元不断さゝれたる秘蔵の名誉の左文字の刀めし上げられ
43	「桶狭間の合戦」の後、信長は小歌を歌わなくなった	記述無し
44	家康公岡崎城へ居城の年表記	(本文)翌年四月上旬
45	信勝を成敗する年表記	(別行)弘治四年戊午霜月二日
46	永禄2年斎藤義龍が信長に放った刺客	小池吉内・平美作・近松田面・宮川八右衛門・野木次左衛門
47	京都上京区立売で信長とバッタリ会った上記の刺客の数	六人の衆難儀(なんぎ)の仕合(しあわせ)なり
48	永禄元年7月浮野合戦の時の敵の首数	究竟(くっきょう)の侍首かず千二百五十余あり
49	十四条合戦時(墨俣の陣)の時の年表記	(本文)永禄四年辛酉五月上旬
50	永禄6年小牧山城下町へ移転の時の信長の工夫	上総介信長、奇特なる御巧これあり
51	永禄8年美濃堂洞城攻めの時	高き家の上にて、太田又助只一人あがり、あだ矢もなく射付け候を、信長御覧じ、きさじに見事を仕候と、三度迄御使に預り、御感有て、御知行重ねて下され候き

今川軍の戦死者数	戦の時刻	戦の状況
数万騎	未刻(14時)よりして夜を責め玉ふ	霜月大雪降り候、極月四尺降る 中略 駿河衆悉くきりまけて福島一門皆々打死、 甲州へ取る首数万騎 霜月廿三日未の刻よりして夜を責め玉ふ ちりちりに にくる事無限
数百騎	未刻(14時)よりして夜責し玉ふ	霜月大雪降る、極月四尺降る 中略 駿河衆悉く切負て福島一門皆々打死、 甲州へ取る首数百騎 霜月廿三日未の刻よりして夜を責し玉ふ 散々に逃る事無限
数多く討捕りなされ	酉刻(18時)於上条河原御合戦	十日敵駿河衆勝山へ移る。二三日酉刻上条河原において御合戦。 駿河福島衆数多討捕らせらる 略 大永二年富田にうずくまる駿河衆を除く
大死して帰。六百人討死。	申刻(16時)上条合戦	駿河勢二月二七日より出張。十月府中飯田にて百余人討死。 十一月二三日申刻上条合戦。駿州衆大死して帰。六百人討死。
四千余人打死	酉刻(18時)於上条一戦	酉刻上条に於いて一戦 駿河衆背軍、福島一類打死 其外四千余人打死 残衆富田に 籠りて越年 大永二年 中略 同十四日駿州勢乞身命帰国
	今月廿三日酉刻(18時)	駿河敗軍以後死者をは導師をなし、存者をは三千余人囚となりしを、 知略をめぐらし給て、一人としてつつがなく帰国なしき
		福島を誅せり。 荻原常陸介飯田合戦の時 合図の拠旗という事を工夫して 片山の上に偽兵を飾り勝利を得たる由
		駿河衆数多く打捕え、御本意候
		ことごとく福嶋衆打取られ候
		上総介正成、大永元年甲州飯田河原において、武田信虎と戦て打死
		荻原常陸介が武略を以て 略 原能登守友胤が為に正成命を損し、 略 山縣淡路守は小畑山城守虎盛に討れ
		信虎家老荻原常陸と申す侍武略を致し、遠州のくしまを討取る
		大将の福島上総を原美濃守、山縣淡路守を小幡山城討取て
一人も残さず 討たれにけり。		荻原常陸介昌勝は、信虎の軍術の師範として、略 相図のこ旗を作り、略 町人、其外、 国中の百姓等に触れをなし、女童までも駈催し、略 荻原、奇妙の謀をなし、 小幡、山形が首を掻落す、略 原美濃守虎胤、福島 首 掻落し立上る。 略 切捨てたる骸は、累々として屠所の如く、紅波、みなぎり流れて盾を浮べ
六百余		
六百、四千とも数万とも		敗残兵は富田城に籠城したまま越年し、翌年駿河へ帰国

甲斐の桶狭間合戦記録

NO	出典	年月日	今川軍の大将	今川軍の軍勢	武田軍の軍勢
1	勝山記	永正17年11月23日	駿河勢福嶋一門	数万人	
2	妙法寺記	永正17年11月23日	駿河勢福嶋一門	数万人	
3	高白斎記	大永元年11月23日	駿河福島衆		
4	王代記	大永元年11月23日	駿州勢		
5	塩山向岳禅庵小年代記	大永元年11月23日	福島一類		
6	遊行廿四祖御修行記	大永元年11月23日	福島氏之一族		
7	甲斐國志	大永元年	遠州の福島兵庫		
8	河村縄興が伊勢幸福大夫に送る書状	(大永2年か?)2月8日付	駿河衆		
9	秋山昌満が伊勢幸福大夫に送る書状	(大永2年か?)3月1日付	福嶋衆		
10	武家事紀		福島上総介正成	一万余の兵	
11	関八州古戦録	大永元年12月23日	福島兵庫頭正成	一万五千余人	二千ばかり
12	甲陽軍鑑		遠州のくしま	遠州・駿河の人衆一万五千	二千ばかり
13	景憲家傳	大永元年	福島上総介正成	二萬に及ぶ	二千に満たず
14	武田三代軍記		福島上総介	駿河・遠江二箇國の勢 一万五千余騎	二千余人
15	飯田河原古戦場慰霊碑	大永元年11月23日	福島正成	一万五千	二千
16	山梨県史	大永元年11月23日	福島氏一族		
17	甲府市史	大永元年11月	福島兵庫	大軍	
18	敷島町誌	永正17年	福島兵庫頭正成	駿遠の兵	

桶狭間の合戦の位置関係

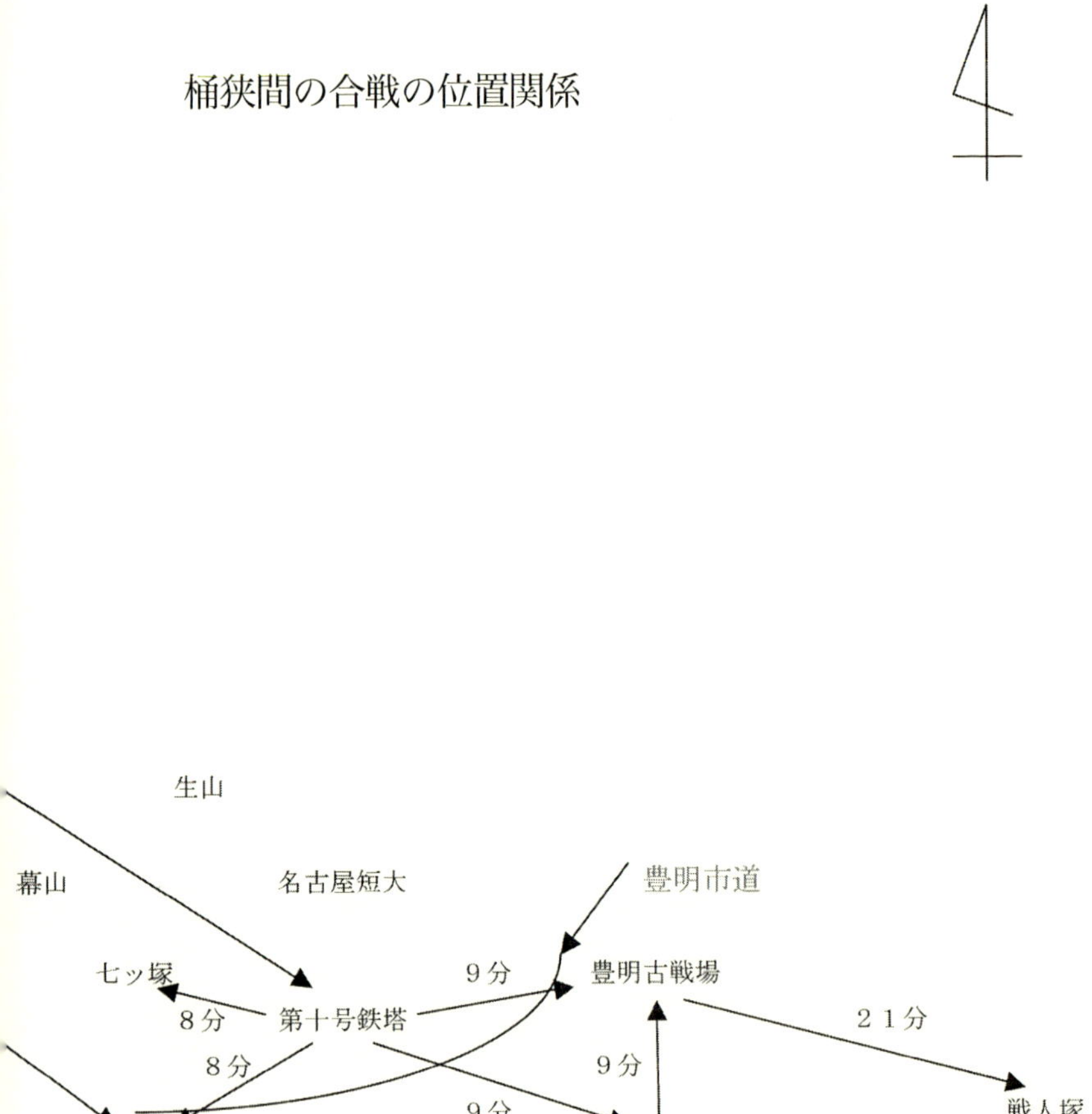
生山
幕山
名古屋短大
豊明市道
七ッ塚
9分
豊明古戦場
8分
第十号鉄塔
21分
8分
9分
9分
戦人塚
有松古戦場
ホシザキ電気

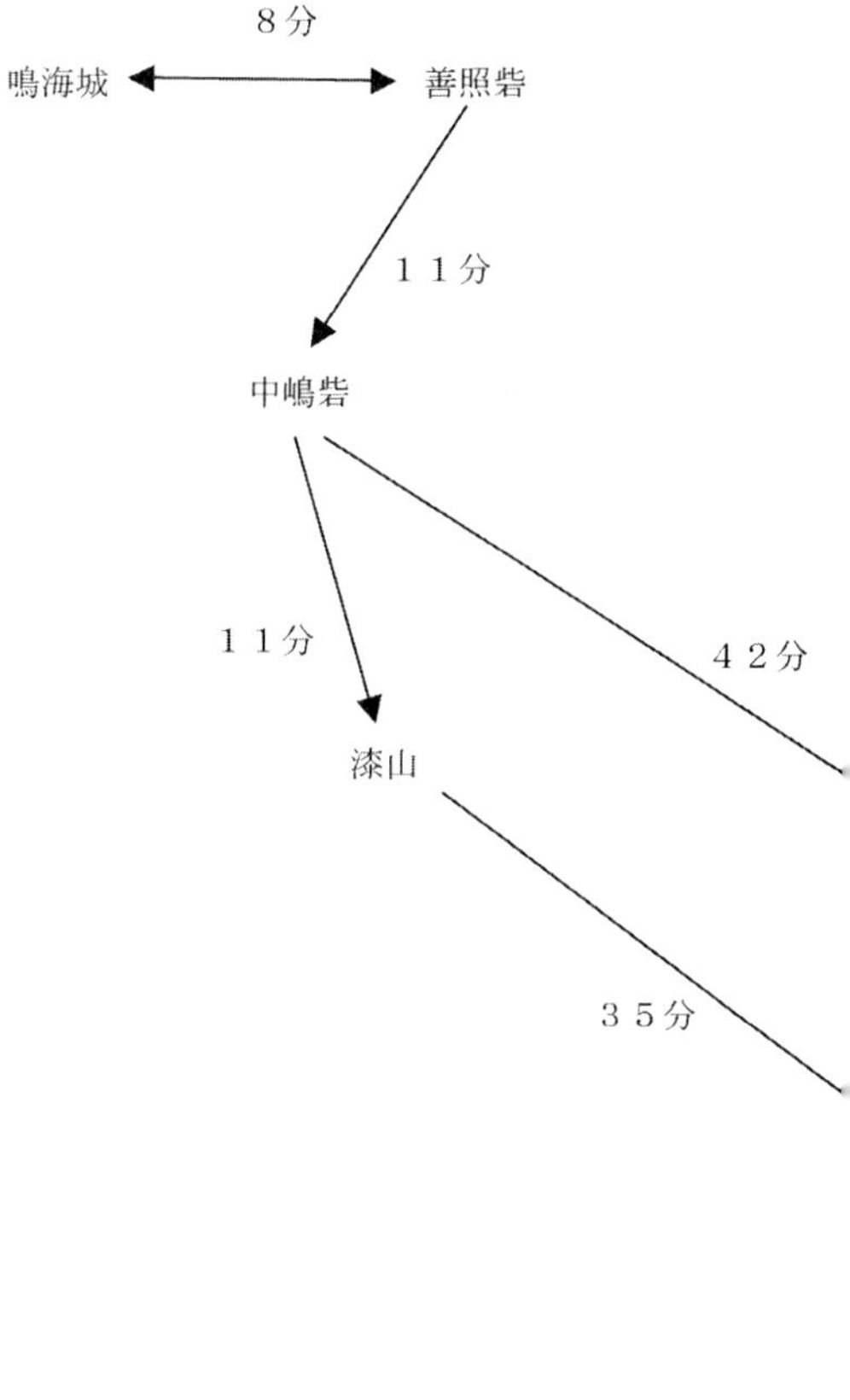
８分
鳴海城
善照砦
１１分
中嶋砦
１１分
４２分
漆山
３５分

（注）上記の時間（分）は、普通に歩いた時の徒歩時間である。

著者／武田健作（たけだ・けんさく）
昭和21年（1946）岡山市に生まれる。
滋賀県立膳所高校卒業。
昭和46年（1971）京都大学経済学部を卒業。
民間企業を定年後、総合健保組合、不動産会社等に勤務。
京都大学経済学部同窓会東京支部常任理事
（社）東京滋賀県人会評議員、宅地建物取引主任者

二つの桶狭間の合戦
武田信虎と織田信長

発行　二〇一一年六月一日　初版第1刷

著　者　武田健作
発行人　伊藤太文
発行元　株式会社　叢文社
〒112―0014
東京都文京区関口一―四七―一二
江戸川橋ビル
電　話　〇三（三五一三）五二八五
FAX　〇三（三五一三）五二八六

印刷・製本　モリモト印刷

定価はカバーに表示してあります。
乱丁・落丁についてはお取り替えいたします。

ISBN978-4-7947-0693-5